KU zu den 5 Hauptstücken des Kleinen Katechismus | Ein Arbeitsbuch zu »Denk mal nach ... mit Luther«

**Im Auftrag des Rates der Evangelischen Kirche der Union
Herausgegeben von der Kirchenkanzlei der EKU**

Erarbeitet von Christian Witting, Ulrike Baumann, Dietmar Gerts und Olaf Trenn
unter Mitarbeit von Marion Gardei und Dr. Reinhard Kirste

Christian Witting
DIE TAUFE
... mit allen Wassern gewaschen

4

Originalausgabe

Die Deutsche Bibliothek – CIP-Einheitsaufnahme

KU zu den 5 Hauptstücken des Kleinen Katechismus :
ein Arbeitsbuch zu »Denk mal nach ... mit Luther« /
[im Auftr. des Rates der Evangelischen Kirche der Union hrsg. von
der Kirchenkanzlei der EKU]. – Gütersloh: Gütersloher Verl.-Haus
 ISBN 3-579-01798-5

4. Die Taufe : ... mit allen Wassern gewaschen /
 Christian Witting. – 1997

ISBN 3-579-01798-5
© Gütersloher Verlagshaus, Gütersloh 1997

Das Werk einschließlich aller seiner Teile ist urheberrechtlich geschützt. Jede Verwertung außerhalb der engen Grenzen des Urheberrechtsgesetzes ist ohne Zustimmung des Verlages unzulässig und strafbar. Das gilt insbesondere für Vervielfältigungen, Übersetzungen, Mikroverfilmungen und die Einspeicherung und Verarbeitung in elektronischen Systemen.

Umschlaggestaltung: INIT, Bielefeld, unter Verwendung des Bildes »Piero della Francesca, Taufe Christi« (farbl. verändert) (AKG Berlin)
Satz: Weserdruckerei Rolf Oesselmann GmbH, Stolzenau
Druck und Bindung: PPK-Partner für Print und Kommunikation GmbH, Bielefeld
Gedruckt auf chlorfrei gebleichtem Werkdruckpapier
Printed in Germany

EINFÜHRUNG 7
   Versuch einer Bestandsaufnahme zur Taufe
   von Jugendlichen im Konfirmandenalter

DAS UNTERRICHTSPROJEKT 10

»Restaurierung« eines Tryptichons zur Taufe 10
   Eine theologisch-didaktische Erläuterung des Unterrichtsprojektes.

Anregungen zum Aufbau des Tryptichons 11
   Einfache Vorschläge zur technischen Realisierung des Unterrichtsprojektes.

Überblick über die Unterrichtsschritte 12
   Ein ausführlicher und zwei kürzere Vorschläge
   zur schrittweisen Erstellung des Tryptichons.

Das Wasser des Lebens 14
   Eine Unterrichtseinheit mit Konfirmandinnen und Konfirmanden zur Taufe
   In einem ➔ *Spielprogramm* erschließen sich erste Bezüge
   zur Bedeutung des Wassers in der Taufe.

Die Wasser Gottes 17
   Eine Unterrichtseinheit mit Konfirmandinnen und Konfirmanden zur Taufe
   Die Bedeutung des Wassers in der Bibel wird kennengelernt. In einer
   ➔ *Malwerkstatt* entstehen Bilder zur Gestaltung des ersten Altarflügels.
   Die ➔ *Bilder* werden betrachtet und ausgewertet. Mögliche Beziehungen
   zum Taufwasser und zum Taufgeschehen werden erfragt.

Die Taufe Jesu 20
   Eine Unterrichtseinheit mit Konfirmandinnen und Konfirmanden zur Taufe
   Die Taufe Jesu wird nach dem biblischen Text (Mt 3,1-17) in vielen kleinen
   Schritten erschlossen. Eine ➔ *bewegte Bibelarbeit*, die zu Assoziation, Spiel
   und Darstellung einlädt.

Wie Jesus am Jordan 23
   Eine Unterrichtseinheit mit Konfirmandinnen und Konfirmanden zur Taufe
   In einem ➔ *Rollenspiel* werden Zugänge zum Altarbild Piero della Francescas
   »Taufe Christi« gesucht. Bisher kennengelernte Deutungszusammenhänge
   des Taufgeschehens werden angewendet.

In den Himmel geschrieben 27
   Eine Unterrichtseinheit mit Konfirmandinnen und Konfirmanden zur Taufe
   Das Verständnis des Taufgeschehens wird vertieft. ➔ *Sprech- und
   Schreibübungen* mit dem eigenen Namen regen zum Nachdenken darüber
   an, wer ich selbst bin bzw. sein möchte und wie Gott mich sieht.

Zur Taufe kommen 30
Eine Unterrichtseinheit mit Konfirmandinnen und Konfirmanden zur Taufe
Ein ➜ *persönlicher Ertrag* wird festgehalten und mit einer eigenen Figur auf dem zweiten Altarflügel gestaltet.

In Gottes Namen – Anregungen zur Gestaltung des Taufgottesdienstes 34
Eine Unterrichtseinheit mit Konfirmandinnen und Konfirmanden zur Taufe
Das fertige Tryptichon wird betrachtet, der Verlauf des Taufgottesdienstes festgelegt und geprobt. Verschiedene ➜ *Gestaltungsvorschläge* wollen ➜ *für einen eigenen Gottesdienst* anregen.

»Was Gott selbst Taufe nennet ...« 39
Mit Erwachsenen 39
Ein Nachmittag oder Abend, »sich mit Bildern und mit Worten« (EG 202,3) der Taufe Christi und der eigenen Taufe zu nähern.

Ideen für ein Taufseminar 41

Einführung

Versuch einer Bestandsaufnahme zur Taufe von Jugendlichen im Konfirmandenalter

Es ist Donnerstag und 21 Uhr. Vom Gemeindehaus bewegt sich ein langer Zug laut singend auf die Kirche zu: Jugendliche jeden Alters, Kinder, Eltern und Großeltern, jung gebliebene und alt gewordene Gemeindeglieder. Es regnet, doch das stört nicht weiter. Alle haben schon 90 Minuten hinter sich, in denen erzählt und vorgespielt wurde, was auf einer Konfirmandenfreizeit zum Thema Taufe Herz und Sinn bewegt haben. Grund genug, jetzt mit gelassener Fröhlichkeit durch die weit offene Kirchentür zu gehen und in der fast dunklen Kirche möglichst in der Nähe der Taufschale Platz zu nehmen. Vielleicht 120 Menschen haben sich schließlich versammelt.

Im Altarraum sind von Konfirmandinnen und Konfirmanden gezeichnete Transparentbilder zu sehen: Der Durchzug des Volkes Israel durchs Meer, die Sintflut, der sinkende Petrus, alles Geschichten aus der Bibel, in denen Wasser eine wichtige Rolle spielt. Die Orgel beginnt zu spielen. Man kann zuhören, denn ein Lied steht nicht auf dem Programmzettel. Konfirmandinnen und Konfirmanden in selbstgeschneiderten Taufgewändern betreten die Kirche. Manchem ist es ein wenig peinlich, insgesamt aber wirkt alles sehr feierlich, und diese Stimmung setzt sich durch.

Der Pfarrer hält eine Kurzansprache. Die Transparentbilder werden erläutert und auf das Taufgeschehen bezogen. Dann wird die erste Strophe des Taufliedes gesungen. Es ist selbstgedichtet und hat einen Refrain, den alle mitsingen können. Dann treten die Täuflinge einzeln nach vorne. Jede und jeder begründet in einem kurzen Satz, warum er oder sie getauft werden möchte.

»Vorhin habe ich gehört, daß ich bei meiner Taufe von Gott angezogen werde. Manche Christen sagen sogar, daß ich ein neuer Mensch werde. Noch einmal von vorne anfangen! Dieser Gedanke gefällt mir. Darum will ich getauft werden.«

So hört es sich zum Beispiel an. Jeder sagt etwas anderes. Die Sätze erinnern, was an diesem Abend schon von der Taufe zu sehen oder zu hören war. Konfirmandinnen und Konfirmanden haben sich ausgesucht, was ihnen besonders gefallen hat. Sie lesen ihren Satz von einem Zettel ab und werden daraufhin getauft. Zwischen den Taufen werden weitere Verse des selbstgedichteten Liedes gesungen. Schließlich sind es 10 Taufen, die Gruppe zählt insgesamt 17 Konfirmandinnen und Konfirmanden. Zum Vaterunser nach der letzten Taufe stehen alle auf, Segen und Orgelspiel zum Ausgang wie üblich. Doch nach Hause geht fast niemand. Man folgt der Einladung, über all die Dinge zu reden, die den Abend gefüllt haben und will überhaupt mit einem Glas Wein oder Saft auf das Wohl der Konfirmandinnen und Konfirmanden anstoßen – ganz besonders der getauften.[1]

Dieser breit angelegte Taufgottesdienst ist unter günstigen Bedingungen entstanden. Ohne ein eingespieltes, großes Team ehrenamtlicher Mitarbeiterinnen und Mitarbeiter, ohne Zeit, die für dieses Taufprojekt freigemacht werden konnte, ohne eine begeisterungsfähige Konfirmandengruppe wäre das so nicht möglich gewesen. Nach diesem Eingeständnis soll das Beispiel aber dazu dienen, die Situation zu analysieren, in der Mitte der 90er Jahre zur Taufe unterrichtet wird, und einige Konsequenzen zu beschreiben.

Zunehmende Distanz zur Kirche hat sich schon lange darin gezeigt, daß evangelische Eltern ihre Kinder nicht mehr selbstverständlich taufen lassen. Mit der entsprechenden zeitlichen Verzögerung hat auch die Akzeptanz des Konfirmandenunterrichts abgenommen, zumindest werden immer mehr Kinder/Jugendliche angemeldet, die nicht getauft sind. Für viele Großstadtgemeinden, vor allem in der nördlichen Hälfte Deutschlands, ist ein Viertel bis ein Drittel Ungetaufter nicht ungewöhnlich.

Zwischen getauften und ungetauften Konfirmandinnen und Konfirmanden lassen sich selten Unterschiede feststellen. Auch die Mehrzahl derjenigen, die von ihren Eltern in den ersten Lebensjahren zur Taufe gebracht worden sind, ist nicht in größerer Nähe zur Kirche aufgewachsen. Der Tendenz nach hat der Konfirmandenunterricht vor allem in den westlichen Kirchen Deutschlands den Charakter einer Erstbegegnung mit Kirche und gelebtem Glauben bekommen, die durchaus missionarische Aspekte aufweist.

Das hat den Konfirmandenunterricht verändert. Der Bezug zum Alltag und das Einüben von Transfermöglichkeiten ist bei allen Themen in den Vordergrund getreten, Zeiten gemeinsamen Lebens (Rüsten, Freizeiten, Wochenenden, Konfirmandentage, Praktika, Projektlernen) sind gefördert und von den meisten Gemeinden in irgend einer Form in den Unterrichtsrhythmus des Jahrgangs integriert worden; der umfangreiche Memorierkanon hat sich reduziert.

In manchen Gemeinden ist es zu einer Revision des Gesamtkonzeptes gekommen. Integration von Konfirmandenpraktika[2], Beteiligung ehrenamtlicher Mitarbeiterin-

---
1 Taufgottesdienst für Konfirmandinnen und Konfirmanden in der Epiphanien-Gemeinde Berlin im Mai 1992.
2 **K. Dienst u.a. (Hgg.), Konfirmandenpraktikum,** KU-Praxis 14, Gütersloh 1981.

nen und Mitarbeiter[3], Beginn des Unterrichts im 10. Lebensjahr und Erstreckung auf 3-4 Jahre[4]. Weitgehend unbewältigt ist eine der beschriebenen Situation adäquate Elternarbeit.

Im Katalog der Dinge, die sich in dieser Situation mit Konfirmandinnen und Konfirmanden zu lernen anbieten, nimmt das Thema »Taufe« eine Sonderstellung ein. Ganz formal zwingt es geradezu in die Verantwortung, Unterricht und Taufe der nicht Getauften aufeinander zu beziehen und nach situationsangepaßten Gestaltungsmöglichkeiten zu suchen. Die Feier der Taufe wird zu einem neben Konfirmation und ersten Abendmahlsgang gleichwertigen und die Konfirmandenzeit gliedernden Höhepunkt. Die Konfirmation selbst kann dadurch emotional, thematisch und theologisch entlastet werden.

Vielleicht hat es tatsächlich in der Alten Kirche eine Entsprechung zwischen den Aussagen einer reichhaltigen Taufliturgie und einer erlebten, ernsthaften Wende alltäglichen Lebens gegeben: Absage an den Satan, Vergebung der Sünden, Vollzug eines Herrschaftswechsels, befreites Leben in Christus.[5] Diese existentielle Ebene ist didaktisch oder liturgisch nicht reproduzierbar. Konfirmandinnen und Konfirmanden werden in ihrer Taufe keine vergleichbaren Erfahrungen machen. Sie können aber durchaus andere, möglicherweise nicht weniger relevante, Zusammenhänge mit ihrer Taufe verbinden. Die Taufe selbst kann so gestaltet werden, daß sie vielleicht nicht lebenslang und lebensverändernd, aber eben doch lange und als ein besonders schönes, mitunter auch wichtiges, Erlebnis in der Erinnerung behalten wird.

Aus der Fülle traditioneller Tauflehre haben besonders folgende Aspekte eine Chance, mit jugendlichem Erfahrungskontext verknüpft zu werden:
- Pubertierende müssen im Prozeß der Ablösung vom kindlichen Ich und auf der Suche nach einer neuen Identität immer wieder schmerzhafte Niederlagen einstecken. Die Fragen »Wer bin ich?« und »Wie sehen mich die anderen?« haben für sie von daher besondere Bedeutung. Der Wunsch, angenommen, weiterhin geliebt, vor allem ohne Bedingungen akzeptiert zu werden, kann sich in der Taufaussage spiegeln, auf jeden Fall Gottes geliebte Tochter bzw. Gottes geliebter Sohn zu sein.[6]
- Viele Jugendliche leiden auch mehr als Erwachsene, die sich schon daran gewöhnt haben, an den Ungerechtigkeiten der Welt. Sie wollen nicht einsehen, daß es nicht auch besser geht, und nehmen sich vor, mit ihrem eigenen Leben dafür ein Beispiel zu geben. Damit ist der gesamte Komplex der Befreiung durch Christus zu einem neuen Leben angesprochen und kann vorsichtig verdeutlicht werden.
- Jugendliche sind stärker als andere Altersgruppen von einer Bezugsgruppe der Altersgleichen abhängig. Eine Konfirmandinnen und Konfirmanden anziehende Jugend- und Gemeindearbeit zeigt am ehesten, was »Aufnahme in die Gemeinde« als Geschenk bedeuten kann.
- Der Tod etwa der Großeltern oder anderer Menschen aus dem Bekanntenkreis kann tiefergehendes Nachdenken über das Geschick des Menschen auslösen. Die Taufe thematisiert und überschreitet die Begrenztheit des Lebens, indem sie über die Spanne von Geburt und Tod hinaus auf Gott hinweist. Dieser Mehrwert des Lebens kann bei der Suche nach Sinnfindung in existentiellen Krisen, aber auch sonst im Leben, ein Element sein, das weiterhilft.

Damit ist nicht gesagt, daß Jugendliche im Konfirmandenalter in der Taufe sofort »ihr« Thema entdecken.[7] Aber es besteht eine Bereitschaft nach orientierender Auseinandersetzung, und es kommt darauf an, diese »altersgemäße Offenheit der Taufbewerber auch tatsächlich mit der Taufe zu verbinden und das Gewicht der Taufe bewußt zu machen.«[8] Hinzu kommt, daß allein die Tatsache ihrer anstehenden Taufe zumindest die Ungetauften durchaus aus der Reserve locken kann. Über den Unterricht zur Taufe können Konfirmandinnen und Konfirmanden erfahren, daß sie interessante, wertvolle und durchaus auch geliebte Menschen sind. In Vorbereitung und Vollzug eines festlichen Taufgottesdienstes können diese »Unterrichts- und Lernworte« in der Gemeinde eine Deckung bekommen, wenn Konfirmandinnen und Konfirmanden erfahren, daß sie willkommen sind, ernst und wichtig genommen werden und der »Leib Christi« tatsächlich ein zu Hause ist, wie sie es bisher nicht kannten.

Diese Perspektive ist allerdings nicht allein über Unterricht und eine schön gestaltete Konfirmandentaufe zu lösen. Die gesamte Gemeinde muß die Armut bestehender Taufpraxis überwinden. Dazu gehören
- eine festliche Gewohnheit, die jede Taufe zu einem besonderen und erinnerungswürdigen Erlebnis für die Tauffamilie und zu einem fröhlichen Erinnern eigenen Getauftseins für die versammelte Gemeinde macht.

---

3 **Katechetisches Amt Heilsbronn (Hg.), Gemeinsam glauben,** Ehrenamtliche in der Konfirmandenarbeit, 1993, Bestelladresse: Katechetisches Amt, Postfach 1143, 91560 Heilsbronn; K. Dienst u.a. (Hgg.), Gemeinsam lernen und lehren, KU-Praxis 23, Gütersloh 1987; KU-Praxis Dokumentation zu KU-Praxis 23, Berlin 1987.
4 **J. Bode/W. Flemmig/H.B. Kaufmann (Hgg.), Konfirmandenzeit von 11 bis 15?,** Gütersloh 1985, S. 27-28; **M. Meyer-Blanck (Hg.), Zwischenbilanz Hoyaer Modell,** Hannover 1993.
5 **W. Neidhart, Die Behandlung der Taufe im KU,** in: K. Dienst u.a. (Hgg.), KU-Praxis 24, Gütersloh 1988, S. 16.
6 **Studiengruppe KU Loccum, Die Taufe,** in: Dienst u.a. (Hgg.), Taufendes Handeln der Gemeinde, KU-Praxis 11, Gütersloh 1979, S. 9.
7 **Rahmenplan für die Arbeit mit Konfirmanden der Evangelischen Kirche in Berlin-Brandenburg,** 1994 S. 158 (AKU, Goethestr. 28-30, 10625 Berlin); **Arbeitshilfen zu den Rahmenrichtlinien für die Konfirmandenarbeit in der Ev.-luth. Landeskirche Hannovers,** Zweites Heft – 1991, S. 18 (RPI Loccum, Postfach 2164, 31547 Rehburg-Loccum).
8 **Ch. Grethlein, Taufpraxis heute,** Gütersloh 1988, S. 238.

- eine liturgische Normalität, die der Taufe im Ablauf des Kirchenjahres immer wieder gedenkt.
- eine missionarische Beweglichkeit, die getauften Jugendlichen/Erwachsenen sowie Eltern/Paten getaufter Kinder durch Grußkarten, Besuche oder Besuchsangebote, Einladungen zu besonderen Anlässen, Anfragen um Mitarbeit usw. immer wieder »Gemeinde« präsent macht.

Bei der liturgischen Gestaltung von Taufgottesdiensten für Jugendliche im Konfirmandenalter werden Unterrichtende weitgehend alleingelassen. Agenden und andere allgemein gehaltenen Liturgievorschläge unterscheiden in der Regel nur zwischen Kindern und Erwachsenen und orientieren sich an theologischen Spitzensätzen. Die Transfermöglichkeiten aus den Gottesdienstberichten einschlägiger Unterrichtsliteratur sind recht begrenzt. In den letzten 20 Jahren sind eine Reihe von neuen Abendmahlsliedern entstanden, aber kaum neue Tauflieder.[9] Es gibt vor allem keine Tauflieder, die sich auf jugendliche Täuflinge beziehen.

Der oben genannte Taufgottesdienst aus dem weiteren Umfeld der Erprobung verschiedener Unterrichtselemente dieses Heftes hat versucht, auf diese Ausgangslage zu reagieren. Die Taufe wurde nach etwa einem Drittel der Konfirmandenzeit gefeiert, die Vorbereitung auf einer Konfirmandenfreizeit hat die Bedeutung des Themas hervorgehoben. Aus dem erarbeiteten Material haben sich alle einen Aspekt herausgegriffen, der ihnen einen persönlichen Zugang zur Taufe ermöglichte, und ihn unter Anleitung als Taufwunsch oder Tauferinnerung formuliert. Die Verbindung von Gemeindeabend und Gottesdienst hat versucht, Konfirmandinnen und Konfirmanden ein weites Spektrum an Gemeinde vor Augen treten zu lassen. Bei Vorbereitung und Durchführung des gesamten Projekts waren ehrenamtliche, jugendliche Mitarbeiter beteiligt. Neben den Familien waren zum Taufabend Freundinnen und Freunde der Konfirmandinnen und Konfirmanden eingeladen und sind auch gekommen. Nach dem offiziellen Teil gab es Gelegenheit zu Meinungsaustausch und weiterem Kennenlernen.

Insgesamt wurde versucht, den anstehenden Taufen nicht mit Routine zu begegnen, sondern mit Phantasie und dem Bemühen, es möglichst schön zu machen, damit die Wichtigkeit dieses Ereignisses für ein Christenleben, so gut es eben geht, erlebbar werden kann. Diese Linie soll mit einfachen Mitteln auch in dem nachstehend beschriebenen Unterrichtsprojekt zur Taufe weiter verfolgt werden.

Das Unterrichtsbuch »Denk mal nach ... mit Luther« bietet im Taufkapitel schwerpunktmäßig Lesestoff für Erwachsene. Für die Arbeit mit Konfirmandinnen und Konfirmanden reizt die Fotoseite 188-189. Im Mittelpunkt steht das Bild »Taufe Christi« von Piero della Francesca, ursprünglich eine Altartafel. Sie wird durch Konfirmandenarbeiten »ergänzt« und damit nach und nach erschlossen. In mehreren Schritten entsteht ein »eigenes« Altarbild oder wenigstens eine Reihe von Gestaltungselementen für den Kirchraum, mit denen Konfirmandinnen und Konfirmanden altersgemäß das Taufgeschehen verstehen, auf ihr Leben beziehen, in der oben akzentuierten Weise fröhlich Taufe feiern und hoffentlich in Erinnerung behalten können.

In der Sprache der Pädagogik entsteht in dem nachfolgend ausgeführten Taufunterricht ein »Handlungsprodukt«[10] d.h. ein veröffentlichungsfähiges, materielles und geistiges Ergebnis der Unterrichtsarbeit. Der Sinn solcher Handlungsprodukte besteht vor allem darin, Positionen der Unterrichtenden zurückzustellen (Abbau von Lehrerdominanz), die Konfirmandinnen und Konfirmanden dagegen stärker zu Aktivität, Selbständigkeit und eigener Urteilsbildung anzuleiten. Theologisch gewendet, soll das »Handlungsprodukt« den Jugendlichen helfen, aus dem Reichtum traditioneller Taufaussagen nach eigenen Bedürfnissen auszuwählen und sie im Rahmen alters- und entwicklungsbedingter Möglichkeiten zu verstehen.

---

9 Weitgehende Verbreitung hat der Text »Kind, du bist uns anvertraut« gefunden zu der Melodie »Liebster Jesu, wir sind hier«. Er wurde aber nicht in den Stammteil des neuen Gesangbuches aufgenommen.

10 **H. Meyer, Didaktische Modelle Bd. II,** Frankfurt 1987, 5. Auflage, S. 157ff.

Das Unterrichtsprojekt

»Restaurierung« eines Tryptichons zur Taufe

Die von Piero della Francesca in der Mitte des 15. Jahrhunderts gemalte Altartafel »Taufe Christi«[1] liefert eine didaktische Idee: Das Bild ist der erhalten gebliebene Mittelteil eines dreiflügligen Altarbildes (Tryptichon). Es liegt daher nahe, diese ursprüngliche Form des Gesamtwerkes durch zwei von Konfirmandinnen und Konfirmanden hergestellte Seitenflügel zu ergänzen. Ist das dreiflüglige Altarbild auf diese Weise »rekonstruiert«, kann es – der ursprünglichen Bestimmung ganz nahekommend – einen Tauf- bzw. Tauferinnerungsgottesdienst schmücken und auf vielfältige Weise zu dessen Gestaltung beitragen.

Zur einfachen Realisierung dieses Vorhabens ist dem Unterrichtsmaterial eine Folie und ein Plakat des Piero-Bildes beigefügt.

DIE FOLIE (M 8)
soll ein großflächige Projektion an eine helle, einfarbige Wand ermöglichen. In einer Kirche oder einen Kirchraum können so die Gottesdienstbesucher auch Einzelheiten des Bildes aus größerer Entfernung erkennen.
Da die Größe der Mitteltafel Einfluß auf die Ausmaße der Seitenflügel hat, läßt sich durch eine entsprechend große oder kleine OH-Projektion das Gesamtwerk den tatsächlichen Platzverhältnissen anpassen. Entsprechend kann der ja auch von der Gruppengröße abhängige Platzbedarf für die Präsentation der Unterrichtsergebnisse auf den Seitenflügeln gesteuert werden.

DAS PLAKAT (M 16)
macht die Idee der konfirmandengemäßen Rekonstruktion des Tryptichons auch möglich, wenn die Unterrichtsgruppe klein ist, wenig Platz vorhanden ist oder kein OH-Projektor zur Verfügung steht.

Zur technischen Ausführung des Tryptichons werden auf den folgenden Seiten einfache Vorschläge gemacht. Die Unterrichtsstunden sind so angelegt, daß das Tryptichon Schritt für Schritt entsteht.

Aus den Themen, die sich für die Gestaltung der Altarflügel anbieten[2], wurden für diesen Entwurf die Zusammenhänge *Wasser* und *Identität* ausgewählt. Beide Themen führen auf je eigene Weise zu grundlegenden Inhalten des Taufgeschehens und eignen sich besonders für Konfirmandinnen und Konfirmanden, die an Vorwissen wenig in den Unterricht mitbringen.

■ Die Verbindung von Gottes Zusage mit dem Wasser wurzelt tief in der Bedeutung dieses Elements für das Leben überhaupt. Damit verbundene, grundlegende Lebenszusammenhänge (Reinigung, Erhaltung, Wachstum, Verwandlung, Tod, Wiedergeburt) sind wie Bezüge zur biblischen Geschichte von Anfang an zur Deutung des Taufgeschehens herangezogen worden.

■ Unter *Identität* wird die Persönlichkeitsmitte verstanden, die einen Menschen so und nicht anders sein läßt. Sie bestimmt als Inbegriff der Selbstgewißheit die Begegnungen mit der Umwelt. Wie diese Mitte und Gewißheit gefunden wird, ist eine lebenslange Frage, sie stellt sich in der Pubertät aber eindringlicher als sonst im Leben.[3] Auf der Suche nach Antworten kann das uneingeschränkte Ja, mit dem sich Gott in der Taufe noch einmal sehr persönlich mit einem Menschen identifiziert, eine Hilfe sein. Er kennt Getaufte und Täuflinge mit Namen und ruft sie als Söhne und Töchter in ein neues Leben, in eine neue »Mitte« und Identität.[4]

---

1 Denk mal nach ..., S. 188-189.
2 Neben den in diesem Entwurf ausgeführten: Vergebung; Licht der Welt (Taufkerze; Ps 27,1; Mt 5,14-16; Joh 8,12); zu Jesus kommen (Mk 10,13-16); Gemeinde und Kirche; das neue Leben (Röm 6, 3-5; 2. Kor 5,17);von Gott behütet (Ps 91,10f; Ps 139,5) Taufsprüche der Täuflinge.
3 **Erik H. Erikson, Identität und Lebenszyklus,** Frankfurt 1966, S. 106ff.
4 Selbst eine Nottaufe wird mit Wasser und unter Nennung des Namens vollzogen. »In akuter Lebensgefahr genügt es, wenn der Kopf des Täuflings dreimal mit Wasser begossen und dazu gesprochen wird: ›(Name), ich taufe dich im Namen des Vaters und des Sohnes und des Heiligen Geistes. Amen.‹« Antwort finden, Evangelisches Gesangbuch, Ausgabe für die Evangelisch-Lutherischen Kirchen in Bayern und Thüringen, München und Weimar, S. 1389.

Anregungen zum Aufbau des Tryptichons

Die Mitteltafel ist durch das beigefügte Material bereits vorhanden.

Sie kann mit der Folie über einen OH-Projektor an eine freie, helle Wand projiziert werden oder – in kleinerer Form – einfach dadurch entstehen, daß das Plakat an einer entsprechenden Fläche angebracht wird.

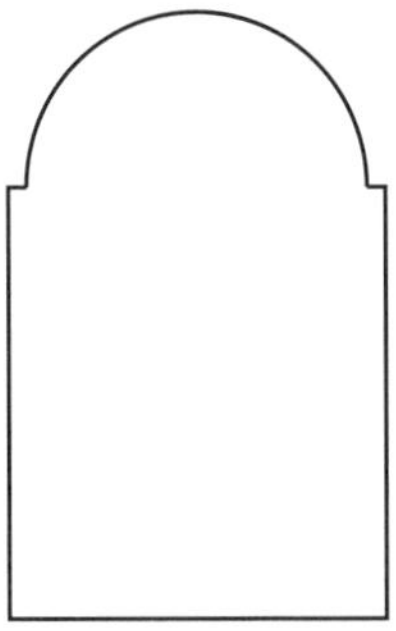

Das Vorhandensein, das Ausmaß und die Beschaffenheit dieser »Grundfläche« bestimmen neben der Größe der Unterrichtsgruppe und der Zeit, die für die Vorbereitung zur Verfügung steht, in welcher Form das Tryptichon entstehen kann. Nachstehende Vorschläge versuchen, allen Gegebenheiten Rechnung zu tragen.

Wenn nur wenig Vorbereitungszeit zur Verfügung steht, ...

Bilder und Figuren, die im Laufe des Projektes entstehen, direkt neben dem Plakat oder dem Projektionsbild an der Wand anbringen.

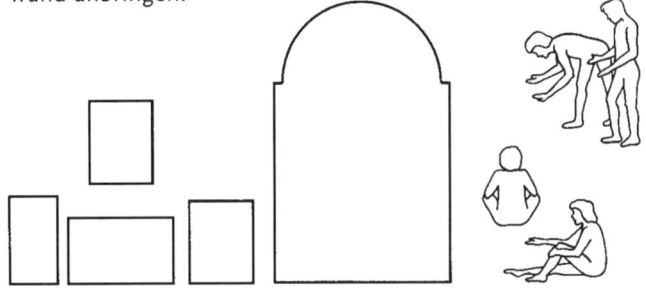

Wenn der Eindruck eines zusammenhängenden Altarbildes verstärkt werden soll, ...

können die Konfirmandenarbeiten zusätzlich eingerahmt werden, z.B. durch Packpapierstreifen, die um die Bilder und Figuren geklebt werden.

Wenn das Altarbild noch weiter gestaltet werden soll, ...

können zwei entsprechend große (und evtl. zum Mittelteil passende) »Altarflügel« zurechtgeschnitten werden.

Verfahren: *Packpapier an die Wand kleben; Folie projizieren; Umriß der Tafel markieren; ausschneiden; in der Mitte teilen und seitenverkehrt anbringen.*

Der geschlossene Gesamteindruck wird verstärkt, wenn das Malpapier in Form und Größe dem Altarflügel angepaßt ist.

Wenn der Platz für ein zusammenhängendes Altarbild nicht zur Verfügung steht, ...

das Bild erst einmal an einer gut sichtbaren Stelle anbringen; das Plakat z.B. als Parament am Altar oder an der Kanzel anbringen, die Folie z.B. auf eine tragbare Leinwand projizieren. Danach die Konfirmandenarbeiten einzeln ausstellen, wo der Raum eben Platz bietet: auf kleinen Flächen, an einer Säule, an den Fenstern usw. Oder: Bilder auf Leisten mit Reißzwecken befestigen, an der entsprechenden Stelle des Gottesdienstes (hereintragen und) hochhalten lassen, notfalls danach wieder ablegen. Vielleicht existieren auch in der Nachbargemeinde (im Kirchenkreis, im Rathaus, im Lebensmittelgeschäft, ...) Stelltafeln, die ausgeliehen und für den Aufbau des Altarbildes verwendet werden können.

Überblick über die Unterrichtsschritte –
ein ausführlicher und zwei kürzere Vorschläge zur Auswahl

1. Eine ausführliche Form
   8 Unterrichtsstunden von 90 Minuten Dauer

Die vorgeschlagenen 8 Konfirmandenstunden von 90 Minuten Länge sind ein respektabler Teil der überhaupt für den Unterricht veranschlagten Zeit. Positiv wird damit die Taufe ungetaufter Konfirmandinnen und Konfirmanden bzw. die Tauferinnerung ein Zentrum und Höhepunkt des Unterrichts. Daß dafür andere Themen gekürzt werden müssen, ist die Kehrseite. Das Projekt eignet sich besonders für ein Konfirmandenwochenende oder eine mehrtägige Konfirmandenfreizeit.

TITEL DER STUNDE	ZEIT	FUNKTION UND INHALT
Das Wasser des Lebens	45–120 Min.	**Einstieg ins Thema**
		Ein Spielprogramm.
Das Wasser des Glaubens		**Der erste Altarflügel entsteht**
1. Stunde	90 Min.	Bilder zu biblischen Wassergeschichten malen.
2. Stunde	90 Min.	Die Bilder betrachten und auswerten.
Die Taufe Jesu	90 Min.	**Vorbereitung der Auseinandersetzung mit dem Altarbild Piero della Francescas**
		Eine spielerische Bibelarbeit.
Wie Jesus am Jordan	90 Min.	**Erkundung des Bildes »Taufe Christi«**
		Ein Rollenspiel.
In den Himmel geschrieben	90 Min.	**Thematisierung eines persönlichen Bezugs**
		Sprech- und Schreibübungen zum eigenen Namen.
Zur Taufe kommen	90 Min.	**Ein zweiter Altarflügel entsteht**
		Ein persönliches Ergebnis festhalten und mit einer Figur gestalten.
In Gottes Namen	90 Min.	**Gottesdienstvorbereitung**
		Das fertige Tryptichon betrachten und den Gottesdienst vorbereiten.

2. Ein kürzerer Vorschlag
   5 Unterrichtsstunden von 60 Minuten Dauer

Das geplante Tryptichon klein halten. Projektionshöhe der Folie nicht größer als 1,20 m; ggf. das Plakat verwenden. Der Vorschlag berücksichtigt alle Themen der ausführlichen Form. Die nachstehende Tabelle macht in einer zusätzlichen Spalte die getroffene Auswahl deutlich.

TITEL DER STUNDE	AUSWAHL	ZEIT	FUNKTION UND INHALT
Das Wasser des Lebens	Eine Aktion von Pkt. 2, Pkt. 5	10 Min.	**Einstieg ins Thema** Ein spielerischer Anfang.
Das Wasser Gottes			**Entstehung des ersten Altarflügels**
1. Stunde	3-4 Geschichten auswählen	50 Min.	Bilder zu biblischen Wassergeschichten malen.
2. Stunde	Pkt. 1 und 3	30 Min.	Die Bilder betrachten und auswerten.
Die Taufe Jesu	Pkt. 2 i.A., Pkt. 3 und 5	30 Min.	**Vorbereitung der Auseinandersetzung** **mit dem Altarbild Piero della Francescas** Eine kleine Bibelarbeit zur Taufe.
Wie Jesus am Jordan	Aus M9 etwa 3-4 Aufgaben auswählen	30 Min.	**Erkundung des Bildes »Taufe Christi«** Ein Rollenspiel.
In den Himmel geschrieben	Pkt. 2, Anleitung knapp halten, im Plenum kurz auswerten (s. Pkt. 3)	30 Min.	**Thematisierung eines persönlichen Bezugs** Schreibübungen zum eigenen Namen.
Zur Taufe kommen	Pkt. 2, aus Pkt. 3 auswählen	30 Min.	**Entstehung des zweiten Altarflügels** Ein persönliches Ergebnis festhalten und mit einer Figur gestalten.
Zur Taufe kommen	Pkt. 4	20 Min.	**Gottesdienstvorbereitung** Das Tryptichon fertigstellen,
In Gottes Namen	Auswahl	40 Min.	betrachten und den Gottesdienst vorbereiten.

3. Eine Kurzform
3 Unterrichtsstunden von 90 Minuten Dauer

Statt eines Tryptichons entsteht ein zweiteiliges Altarbild. Der Unterricht beschränkt sich auf die biblische Taufgeschichte, die Erschließung des Bildes »Taufe Christi« und die Gestaltung eines Altarflügels aus dem Fragehorizont zu gewinnender Identität.

TITEL DER STUNDE	AUSWAHL	ZEIT	FUNKTION UND INHALT
Die Taufe Jesu	Pkt. 2 i.A., Pkt. 3 und 5	30 Min.	**Vorbereitung der Auseinandersetzung** **mit dem Altarbild Piero della Francescas** Eine kleine Bibelarbeit zur Taufe.
Wie Jesus am Jordan	Aus M9 etwa 3-4 Aufgaben auswählen	60 Min.	**Erkundung des Bildes »Taufe Christi«** Ein Rollenspiel.
In den Himmel geschrieben	Pkt. 2, kurze Auswertung im Plenum (s. Pkt. 3)	40 Min.	**Thematisierung eines persönlichen Bezugs** Schreibübungen zum eigenen Namen.
Zur Taufe kommen	Pkt. 2, aus Pkt. 3 auswählen	50 Min.	**Einen eigenen Altarflügel gestalten** Ein persönliches Ergebnis mit einer Figur festhalten.
Zur Taufe kommen	Pkt. 4	20 Min.	**Gottesdienstvorbereitung** Das Altarbild zusammensetzen und
In Gottes Namen	Auswahl	70 Min.	betrachten, Gestaltungsvorschläge einarbeiten, Gottesdienst gemeinsam planen und vorbereiten.

Das Wasser des Lebens

Das Wasser des Lebens

☞ **Ein König, alt geworden, möchte jung bleiben** oder zumindest nicht sterben. Er schickt einen Diener aus, das »Wasser des Lebens« zu suchen, und der findet es tatsächlich ... So erzählt das Märchen, und es entwickelt sich daraus eine nachdenkliche Geschichte.[1]

Geschichten von Jungbrunnen und Lebenswassern gibt es viele. Sie zeugen davon, was dem Wasser alles zugetraut wird. Das kommt nicht von ungefähr, gehören doch Wasser und Leben aufs engste zusammen. Das Wasser bestimmt Lebensanfang, Lebensqualität und Lebensrhythmus, ist Lebensmittel und Lebenselement schlechthin. Ob überhaupt etwas wächst, ob mit der Ernte auch der Hunger gestillt, ob man in Armut oder Wohlstand leben kann, hängt bis heute direkt mit dem Wasser zusammen. Manche, vielleicht alle, Zivilisation und Kultur ist in Symbiose mit dem Wasser entstanden.[2] Vorzugsweise am Fluß, an der Mündung, am Ufer haben sich Menschen niedergelassen, überall, wo das Wasser Nahrung und Auskömmlichkeit, Handel, Bewegung und Schutz versprach. Mit heißen Bädern, kalten Aufgüssen, Umschlägen, Inhalationen, Trinkkuren wird seit jeher versucht, Gesundheit zu erhalten, Genesung einzuleiten und eben die mannigfachen Beschwerden des Alters zu lindern.

Und birgt Wasser nicht schon durch dem Reichtum seiner Erscheinungsformen ein Geheimnis? Es tritt aus der Erde hervor und fällt vom Himmel, erstarrt zu Eis und flieht mit den Wolken, lädt freundlich zum Bade und zerschlägt, was sich ihm in den Weg stellt. Das hat dem Denken Flügel gegeben. Jedenfalls stand am Anfang abendländischer Wissenschaft auch das Nachdenken über das Wasser. Für Thales von Milet (624-542 v. Chr.) war das Wasser der Urgrund, die Substanz, aus dem die Dinge bestehen und zu dem sie wieder vergehen. Damit sind die Götter des Mythos im Prinzip exkommuniziert, Welt und Leben entstehen naturimmanent durch Bewegung und Veränderung.

Der moderne Mensch betrachtet Wasser nicht unter derart qualitativen Gesichtspunkten. Das erschiene ihm »unwissenschaftlich«. Ökologische Probleme haben uns dennoch gelehrt, die Bezogenheit von Mensch und Natur neu sehen zu lernen, und einer zergliedernden Weltsicht technischer Sachzwänge zu mißtrauen. Dafür haben viele Konfirmandinnen und Konfirmanden Ohr und Sinn. Insofern ist es reizvoll, den Unterricht zur Taufe, in dem es doch schlicht um »das Leben« geht, mit ganzheitlichen Beobachtungen zum Lebens zu beginnen und die Patenschaft des Wassers dafür in Anspruch zu nehmen.

MIT KONFIRMANDINNEN UND KONFIRMANDEN

Unterrichtsidee
Ein Spielprogramm führt die Konfirmandinnen und Konfirmanden in eine Auseinandersetzung mit dem Wasser, das sich auch in der Taufschale findet.

Absicht
Konfirmandinnen und Konfirmanden sollen sich mit dem Wasser beschäftigen, das zu jeder Taufe dazugehört, und dadurch erste Zugänge zum Taufgeschehen bekommen.

Material
- Eine große Plastikplane (Abdeckplane aus dem Malergeschäft oder Heimwerkermarkt)
- Wasserschüsseln, Krüge oder Kannen, Handtücher, Kompottschalen o.ä.
- Mineralwasser, Gläser, evtl. Eiswürfel
- Spielaufgaben **M 1** kopiert und ausgeschnitten
- Wandtafel und Kreide, alternativ: Packpapier, dicker Filzstift
- Karteikarten DIN A6, Kugelschreiber

Variante im Freien
- Material für die ausgewählten Schritte (z.B. Plastikplane und Mineralwasser)
- Handtücher, evtl. Badeanzug/Badehose
- Geschichte von der Entstehung der Welt (**M 2**)

Zeit
Für das ganze Programm 120 Minuten.
- Vorschlag für 90 Minuten:
Wellenbewegung mit der Plastikfolie zur Einstimmung (aus Schritt 1); Mineralwasser anbieten (aus Schritt 2), kurzes Gespräch z.B. über Durst, unter den vorgeschlagenen Liedern eins auswählen; Spielszenen (Schritt 3) mit ausführlicher Auswertung, Abschluß (Schritt 5) mit Verlesen der Ergebnisse am Taufstein in der Kirche und einem Lied.
- Vorschlag für 45 Minuten:
Wellenbewegung mit der Plastikfolie zur Einstimmung (aus Schritt 1); Spielszenen (Schritt 3); kurzes Gespräch (ein bis zwei Impulse aus Schritt 4); Abschluß (Schritt 5), dabei das Verlesen der gefundenen Sätze als Einstieg für die nächste Stunde verwenden.

Kurzfassung
Aus dem beschriebenen Verlauf eine Aktion von Pkt. 2 und Pkt. 5 (10 Minuten).

---

1 **Der weise Kaiser Suleiman, Wie das Leben durch die Welt wanderte,** Gütersloh 1980, S. 36.
2 **H. Böhme (Hg.), Kulturgeschichte des Wassers,** Frankfurt 1988.

Verlauf

Platz im Konfirmandenraum schaffen, Stühle und Tische an den Rand stellen oder raustragen, eventuell in den Gemeindesaal gehen oder in die Kirche.

1. Einstimmung[3]

■ Aus den nachstehenden Vorschlägen auswählen.

Eine Wellenbewegung darstellen
Konfirmandinnen und Konfirmanden stellen sich im Kreis auf, beginnen langsam und kurz nacheinander die Arme bis über den Kopf zu heben, wieder abzusenken, wieder zu heben usw., so daß im Rhythmus des Hebens und Senkens eine fließende Wellenbewegung entsteht. In einem zweiten Versuch läßt sich die Wellenbewegung dadurch vergrößern, daß sich die Gruppe am Anfang auf den Boden hockt, langsam aufsteht, dabei die Arme hebt, senkt, sich langsam wieder hinhockt usw.

Regen nachmachen
Konfirmandinnen und Konfirmanden verteilen sich so im Raum, daß sie sich mit den Fingerspitzen gerade noch berühren können. Auf die Zehenspitzen stellen, Arme hoch emporrecken, Finger schnell bewegen nach einigen Sekunden die Arme langsam sinken lassen, die Finger bewegen sich dabei weiter; in die Hocke gehen; mit den Händen den Boden berühren, mit den Fingerspitzen auf den Boden trommeln. Es entsteht ein »Regengeräusch«.
Die Übung gelingt besser, wenn es möglichst ruhig ist. Ein- oder zweimal wiederholen, dabei mit der Lautstärke des Regens spielen (Wie hört sich ein Nieselregen an, ein normaler Regen, ein Regenguß, ein Wolkenbruch?)

Wie ein Fluß sein
Den Weg eines Flusses von der Quelle bis zur Mündung gehen. Dazu mit der Gruppe vielleicht ins Treppenhaus gehen (oder ins Freie). Eine Konfirmandin oder ein Konfirmand übernimmt die Führung und sucht einen Weg, z.B. die Treppe hinunter hüpfend, rasch über den Flur, gemächlich durch den Konferraum, durch die Haustür zerfließend. Die Gruppe folgt der Flußspitze im Gänsemarsch.
In einem zweiten oder dritten Versuch kann neben der »Fließgeschwindigkeit« die »Flußbreite« variiert werden und natürlich der Weg, den der Fluß nimmt. Es kann Nebenflüsse geben, die sich mit dem Hauptstrom vereinigen. Der Fluß kann aufgestaut werden, kann in einen See münden ...

Ein Meer sehen
Die Gruppe verteilt sich an den Rändern des Raumes. Eine große Plastikfolie (Abdeckplane für Malerarbeiten) auf dem Fußboden entfalten; durch langsames Heben und Senken der Folie entsteht eine großzügige Wellenbewegung wie auf dem Meer. Nach einiger Zeit eine Konfirmandin oder einen Konfirmanden bitten, sich in der Mitte auf die Folie zu setzen; Wellenbewegung wiederholen. Wer möchte noch in die Mitte gehen?

Am Strand
Eine Konfirmandin oder ein Konfirmand setzt sich an die Stirnseite des Raumes auf den Boden, der Rest der Gruppe stellt sich an der gegenüberliegenden Seite in einer Reihe auf. Sie fassen sich an den Händen und gehen im Rhythmus 3 Schritte vor, einen zurück wie eine große Welle auf den einzelnen zu.
In weiteren Versuchen und unter Austausch der oder des »am Strand Sitzenden« kann das Tempo variiert werden (langsam, schneller, noch schneller) und die Schrittfolge (z.B. 2 vor/1 zurück; 5 vor/2 zurück usw.), die Annäherung kann durch Geräusche und/oder Hochheben der Arme ergänzt werden. Die Welle kann kurz vor der oder dem Einzelnen erstarren oder plötzlich verlaufen, sie kann auch über sie/ihn hinwegspülen.

■ Anregungen für eine kurze Gesprächsrunde:
- Was hat Spaß gemacht?
- Es gab auch langweilige Momente.
- An einigen Stellen konnte man Angst bekommen.
- Was hat am meisten an »richtiges Wasser« erinnert?
- »Regengeschichten« / »Flußgeschichten« / »Meergeschichten« erzählen lassen.

■ Auf einem Stück Packpapier wichtige Gesprächsinhalte notieren.

■ Eventuell eine Wassergeschichte vorlesen.[4]

2. Wasser fühlen

■ Nacheinander (ggf. auswählen) oder in drei Untergruppen erhalten die Konfirmandinnen und Konfirmanden die nachstehenden Aufgaben:

> »Dort stehen Schüsseln, Kannen und Handtücher. Holt euch bitte Wasser und wascht allen die Hände.«

> »Hier habe ich einige Schalen bereitgestellt. Holt euch damit bitte Wasser und bestreicht allen damit vorsichtig die Stirn. Achtet darauf, daß das für die jeweilige Partnerin oder den jeweiligen Partner nicht unangenehm ist.«

> »In der Küche steht ein Tablett mit Gläsern bereit. Nehmt aus dem Kühlschrank das Mineralwasser und die Eiswürfel und bietet allen zu trinken an.«

---

[3] D. Gerts/Ch. Witting, »Im Namen des Vaters ...« – Fünf Bausteine zur Taufe, in: Taufendes Handeln der Gemeinde, Ku-Praxis 24, Gütersloh 1988, S. 45-60. Der dort beschriebene Baustein zum Wasser wurde hier überarbeitet und ergänzt.

[4] E. Domay (Hg.), Vorlesebuch Symbole, Lahr/Düsseldorf 1994, 3. Aufl., S. 83-102.

- Eventuell zwischen den Aktionen ein Lied vom Liederblatt **M 15** singen oder z.B.: Jeder Teil dieser Erde[5], Sonne, Regen, Wind und Wolken[6], Wolken lassen Tropfen regnen[7].
- Anregungen für eine kurze Gesprächsrunde:
  - Wir wollen zusammentragen, was euch gefallen hat.
  - Momente, die unangenehm waren ...
  - Mit Wasser kommt ihr jeden Tag in Berührung, denkt darüber aber nicht so nach. Was ist euch jetzt aufgefallen?
  - Einige Handlungen in der Kirche werden mit Wasser vollzogen.[8]
  - Mit dem Wasser soll etwas ohne Worte erklärt werden.
- Auf einem Stück Packpapier wichtige Gesprächsinhalte festhalten.

3. Spielszenen zum Wasser

Gruppen zu 3-4 Konfirmandinnen und Konfirmanden wählen lassen, Spielaufgaben verteilen (**M 1**), Arbeitsorte bekanntgeben (z.B. Treppenhaus, Kirchraum, vor der Tür, eigenes Arbeitszimmer), eine Zeit verabreden (10 Minuten). Ist die Konfirmandengruppe sehr klein, wenigstens zwei Untergruppen bilden (notfalls selbst mitspielen) und evtl. jeder Gruppe 2 Spielaufgaben geben; Zeitrahmen vergrößern.
Die Szenen werden vorgespielt. Die Zuschauer raten, was dargestellt wurde. Ggf. Beobachtungsaufgaben verteilen und die Spielgruppe um eine zweite Aufführung bitten.

4. Anregungen für ein Auswertungsgespräch

- Manches war schwer zu spielen.
- Einige Szenen konnten auch leicht geraten werden.
- Welche Wassergeschichten können wir denn erzählen, die wir selbst erlebt haben?
- Manchmal ist Wasser eher »gut«, manchmal eher »schlecht«.
- Was wäre, wenn es kein Wasser gäbe?
- Wenn ihr das Wasser wäret, so wie ihr es eben gespielt habt. Was könntet ihr von euren »Wassereigenschaften« einem Menschen wünschen, der getauft wird?

Einige Gesprächsergebnisse zur Erleichterung des nächsten Schrittes für alle sichtbar notieren.

5. Abschluß

Stellt euch vor, ihr seid Theologen und eingeladen auf einen »Kongreß zur Taufe«. Jeder Teilnehmer soll einen wichtigen Satz zur Taufe mitbringen. Ihr seid die Experten, die sich besonders mit dem Taufwasser beschäftigt haben. Deshalb fängt euer Satz an:

> »Die Taufe geschieht mit Wasser, weil ...«

- Karteikarten und Stifte verteilen.
- 2-3 Minuten Zeit.
- Karten einsammeln.
- Selbst vorlesen ...
  ... oder gemischt austeilen und von den Konfirmandinnen und Konfirmanden lesen lassen. Wenn noch Zeit ist, dazu in die Kirche gehen und um den Taufstein stellen.
- Eines der oben genannten Lieder singen.

→ *Nach dem Unterricht die Texte der Konfirmandinnen und Konfirmanden von den Karteikarten auf ein Plakat übertragen und für die Stunde »Zur Taufe kommen« aufheben.*

Variante im Freien

An einem Konfirmandenwochenende, wenn eine Abwechslung im Unterrichtsrhythmus gesucht wird, es vor allem warm ist, können die Erkundigungen zum Wasser auch im Freien durchgeführt werden.

Vorschlag zum Ablauf:
- Ein bis zwei Elemente aus der Einstimmung (Schritt 1) auf einer Wiese.
- Gemeinsam schwimmen gehen (oder: an einen Bach, Fluß, See gehen, Schuhe und Strümpfe ausziehen, im Wasser waten, am Wasser riechen usw.).
- Eigene »Wassergeschichten« erzählen und erzählen lassen, z.B. ein Erlebnis vom Baden, vom Bootfahren, von einem Unglück.
- Sich die Stirn mit Wasser bestreichen, Mineralwasser trinken, kurzes Gespräch (Schritt 2)
- Geschichte von der Entstehung der Welt erzählen (**M 2**).
- Wieder auf die Wiese gehen und nach den vorhandenen Möglichkeiten die Schritte 3-4 durchführen.
- Abschluß (Pkt. 5) in einer Kirche um den Taufstein.

---

5 **B. Hoffmann/Ch. Lehmann**, Mein Kanonbuch, Düsseldorf 1987, 2. Auflage, 239.
6 Ebd. 387.
7 Ebd. 475.
8 Außer der Taufhandlung: Weihwasserbecken in katholischen Kirchen am Eingang; Ritus des Besprengens mit Weihwasser; Fußwaschung am Gründonnerstag, Vermischung von Wasser und Wein beim Abendmahl.

Die Wasser Gottes

Die Wasser Gottes

☞ **In vielen biblischen Geschichten** handelt Gott mit dem Wasser und durch das Wasser. Nach der ältesten Quelle in den Schöpfungsgeschichten ist Wasser ein Geburtshelfer des Lebens. Ausdrücklich wird festgehalten, daß Gott es noch nicht hatte regnen lassen und die Erde deshalb leer war. Dann aber steigt ein Nebel auf, der das Land »feuchtet« (1 Mose 2,5-6). Die jüngere Quelle räumt dem Wasser eine noch prominentere Stelle ein. Es ist nicht geschaffen, wie alle anderen Dinge, sondern schon vor aller Schöpfung da (1 Mose 1,2), und Gottes Wille hat aus diesem chaotischen Urelement »die Schöpfung herausgehoben«.[1] Im weiteren Fortgang der biblischen Geschichte ist Wasser dann Instrument des Zornes Gottes (Sintflutgeschichte, 1 Mose 6,5ff.), Segenszeichen (Regenbogen, 1 Mose 9,8-17), Befreiungsweg aus der Knechtschaft (Durchzug durch das rote Meer, 2 Mose 14), Lebensretter in der Wüste (Wasser aus dem Felsen, 2 Mose 17,1-7).

Im Neuen Testament wird Wasser zu dem Ort, an dem Glaube angefochten und bewährt wird: Petrus beginnt zu sinken – wird aber herausgezogen. Die Jünger auf dem See erschrecken vor der Gewalt der Wellen – aber der Sturm legt sich auf ein Wort Jesu. In zwei Geschichten, die Johannes überliefert, ist Wasser das Medium, in dem sich die Verkündigung spiegelt. Der Kranke am Teich Bethesda wird nicht durch Wasser gesund, sondern weil Jesus ihn anspricht. Die Hochzeitsfeier kann andauern, weil getan wird, was Jesus sagt. So kann alltägliches Wasser zu Wein werden, der lebenslänglich das Fest in Erinnerung bringt.

Noch einmal: Wasser kann Geschichten erzählen: Von Gott, vom Glauben, vom Menschen, vom Anfang, vom drohenden Ende, wie doch noch alles gut wird. Ist es zuviel gesagt, daß sich dies alles auch im Taufwasser spiegelt?

---

[1] **G. v. Rad, Das erste Buch Mose,** ATD 2, Göttingen 1967; S. 38.

MIT KONFIRMANDINNEN UND KONFIRMANDEN

Unterrichtsidee

1. STUNDE:
Konfirmandinnen und Konfirmanden malen großformatige Bilder zu biblischen Geschichten vom Wasser.

2. STUNDE:
Die Bilder werden betrachtet und ausgewertet. Dabei werden Beziehungen gesucht zum Taufwasser und zu dem, was in der Taufe geschieht.

Absicht

Konfirmandinnen und Konfirmanden sollen entdecken, was sich an Hand des Wassers von Gott und den Menschen erzählen läßt. Sie sollen ihre Erkenntnisse auf das Taufwasser beziehen und dadurch eine weitere Deutungsebene des Taufgeschehens gewinnen.

Material

- Großformatiges Zeichenpapier, Wasserfarben, Borstenpinsel, Wasserbehälter, Küchenkrepp, Klebeband
- Eimer und Lappen für Unfälle
- Papier für Skizzen, Bleistifte und Radiergummis
- Papier zum Abdecken der Tische oder des Fußbodens
- Bibeltexte **M 3**
- Wasserlied **M 4**, Strophen zum Wasserlied **M 5**
- Evtl. Arbeitsbogen für einer Liedstrophe **M 6** (Pkt. 5)

Zeit

1. STUNDE: 90 Minuten
2. STUNDE: 90 Minuten (45 Minuten ohne Pkt. 5)

Kurzfassung

1. STUNDE: In **M 3** angebotene Bibeltexte reduzieren, Bilder evtl. in Kleingruppen malen lassen (50 Minuten).
2. STUNDE: Aus dem beschriebenen Verlauf Pkt. 1 und 3 (30 Minuten).

Vorbereitungen

- Je nach Größe der Gruppe unter den Bibeltexten **M 3** auswählen. Texte kopieren, auf DIN A3 vergrößern und an verschiedenen Stellen des Konfirmandenraumes als eine »Textausstellung« vorsichtig an die Wand kleben.
- Zur Einstimmung alle Malutensilien in die Mitte des Raumes stellen. Vorhandene Textergebnisse aus der vorangegangenen Stunde zum Wasser aufhängen oder die wichtigsten Sätze noch einmal an die Tafel schreiben.
- Bei der Festlegung des Papierformates die geplante Form des Tryptichons im Auge haben (s. S. 11).
- Für alle großformatigen Malaktionen, deren Ergebnisse im Gottesdienst oder auf einer anderen Gemeindeveranstaltung gezeigt werden, hat sich die Einrichtung einer »Malberatung« bewährt.

EINE MALBERATUNG EINRICHTEN

Viele liebevoll detaillierte Konfirmandenbilder sind aus etwas größerer Entfernung, wie sie z.B. in jedem Gottesdienst gegeben ist, schlecht zu erkennen. Der Umgang mit Papierformaten, die Zeichenblockgröße übersteigen, erfordert eine Übung, die in der schulischen Kunsterziehung kaum vermittelt wird.

Die Malberatung soll daher Konfirmandinnen und Konfirmanden helfen, sich auf ein wesentliches Bildmotiv zu beschränken, es in der richtigen Größe zu zeichnen und an einer geschickten Stelle des Papierformates zu plazieren.

Daneben können Hinweise zur Farbgebung (vor allem der Gestaltung des Hintergrundes) treten. In Notfällen (vermalt, mißlungen, Farb- oder Wasserklekse) hilft die Malberatung, den entstandenen Schaden zu begrenzen.

Natürlich können in diesem Rahmen auch immer Hinweise gegeben und ggf. auf einem Skizzenblatt gezeigt werden, wie das gewünschte Motiv gemalt werden kann. Das ist auch eine zwanglose Gelegenheit, noch einmal inhaltliche Fragen zu klären.

Die auf diese Weise entstandenen Bilder wirken eindrucksvoll, oft allein schon durch die Größe der Motive, die das Blatt füllen, anstatt sich darin zu verlieren. Die Konfirmandinnen und Konfirmanden sind für Hilfen oft dankbar, zeigen sich zufriedener mit den eigenen Bildern und erlangen mehr Anerkennung durch die Gemeinde. Die Identifikation mit dem Thema vergrößert sich.

Für eine Malberatung sind keine »Kunstexperten« erforderlich. Jugendliche und Erwachsene, die gerne malen und dies in der Freizeit, in den Ferien (oder eben auch in der Schule) mit Pinsel und Farbe auch wirklich tun, vielleicht schon selbst einmal ein Bild für einen Gottesdienst oder eine andere Gemeindeveranstaltung gemalt haben, bringen genug Grundwissen und Fingerfertigkeit mit. Wer mit ehrenamtliche Mitarbeitern seinen Konfirmandenunterricht gestaltet, wird rasch jemanden finden. Für andere ist die Suche nach einer »Malerin« oder einem »Maler« vielleicht ein Einstieg, den Unterricht für Gemeindeglieder zu öffnen. Im Notfall kann der Unterrichtende die Malberatung auch selbst durchführen oder sich daran beteiligen.

Technisch kann sich der Ablauf der Malphase so gestalten:
- Konfirmandinnen und Konfirmanden fertigen eine Strichskizze ihres Bildes an.
- Das geplante Bild wird an Hand der Skizze der Malberaterin oder dem Malberater vorgestellt.
- Gestaltungshinweise werden besprochen und eingearbeitet.
- Die Skizze wird auf das große Format übertragen.
- Die Malberatung wirft noch einmal einen Blick darauf und gibt dann grünes Licht für die Ausführung mit Pinsel und Farben.
- Sie steht während der Malarbeiten für alle Fragen und Hilfen zur Verfügung.

Verlauf

1. STUNDE

Arbeitsprozeß erläutern und anleiten

Konfirmandinnen und Konfirmanden an die letzte Stunde erinnern und die den Stunden zur Taufe zugrundeliegende Gestaltungsidee erläutern: Es soll ein großes Altarbild entstehen, das im Gottesdienst zu sehen sein wird und vor dem die Taufe der noch nicht getauften Konfirmandinnen und Konfirmanden stattfinden wird.

Rückfragen beantworten und die nächsten Unterrichtsschritte anleiten, am besten mit einer Tafelanschrift oder einem Packpapierplakat, auf dem folgende Stichworte notiert sind:
- Einen Partner wählen (In kleinen Gruppen Einzelarbeit).
- Zusammen die »Biblische Textausstellung« besichtigen.
- Einen Text auswählen und vorsichtig von der Wand lösen.
- Eine ruhige Ecke suchen und den Text noch einmal lesen. Bei Verständnisfragen die oder den Unterrichtenden ansprechen.
- Die drei wichtigsten Wörter unterstreichen.
- Malanregung: Zu welchem Wort läßt sich ein Bild malen, das die Geschichte erzählen kann?
- Eine Idee skizzieren.
- Zur Malberatung gehen und Anregungen einarbeiten.
- Malen.
- Das Wort, welches das Bild angeregt hat, mit Bleistift auf die Rückseite schreiben.

→ *Tip*

Es hat sich sehr bewährt, den Konfirmandinnen und Konfirmanden für das Malen der Bilder zum biblischen Wasser ausreichend Zeit und Gelegenheit zur Muße zu geben. Hintergrundmusik während des Malens kann den besonderen Charakter der Stunde unterstreichen. Wer sein Bild fertiggestellt hat, kann nach Hause gehen – oder in einer Ecke des Konfirmandenraumes eine Tasse Tee, ein Glas Saft usw. trinken. Vielleicht ergibt sich dann ein gemeinsames Aufräumen und dabei ein erster Blick auf die Bilder.

2. STUNDE

Vorbereitungen (20 Minuten)
- Die Bilder nach Möglichkeit dicht nebeneinander zu einer Bilderwand zusammenstellen.
- Die Worte, die zu den Bildern animiert haben, jeweils mit großen Buchstaben auf je ein DIN A4 Blatt schreiben und Malwerk untereinander neben die Bilder an die Wand kleben.

- Bibeltexte **M 3** noch einmal kopieren und zu den Bildern kleben.
- Stühle (oder z.B. Decken) im Halbkreis vor der Bilderwand aufstellen.
- Ein Stück Packpapier bereitlegen, um Äußerungen von Konfirmandinnen und Konfirmanden festzuhalten.

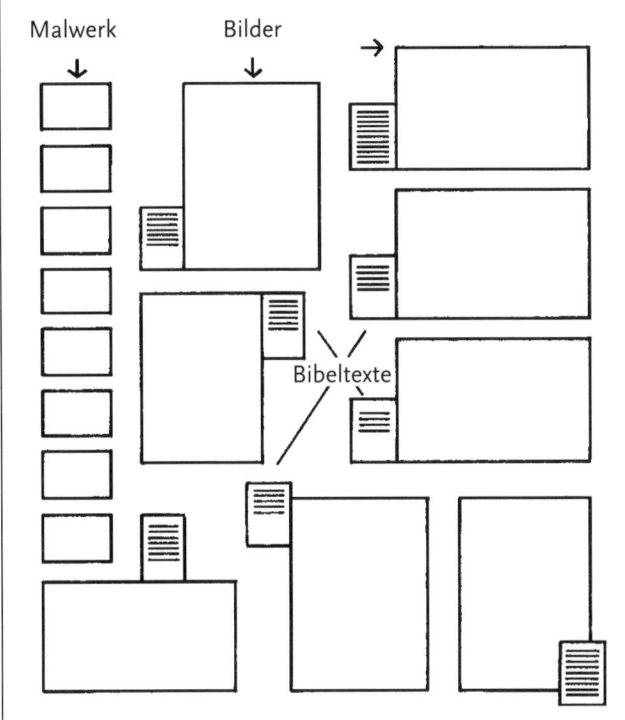

1. Die Bilderwand betrachten
- Das Lied »Von der Taufe woll'n wir singen« (M 4) lernen. Die Strophe während der anschließenden Betrachtung noch mehrmals wiederholen, damit die Melodie gut sitzt.

Die Bilderwand betrachten
- Äußerungen abwarten.
- Erzählen lassen, was auf den Bildern durch das Wasser geschieht.
- Das jeweilige Malwort finden; 2-3 wichtige Stichpunkte zu dem Bild neben dem Mal-Wort auf den DIN A4 Blättern gut sichtbar notieren.
- Den betreffenden Bibeltext vorlesen und mit dem Bild vergleichen.
- Bilder oder Bildteile, die nicht verstanden werden …
- Folgendes Plakat aufhängen.

> Was Gott durch das Wasser tut …

Bilder durchgehen und Äußerungen aufschreiben.

→ *Dieses Plakat für die Stunde »Zur Taufe kommen« aufheben.*

2. Die Geschichten vom biblischen Wasser in einem Lied erzählen
- Das Wasserlied noch einmal wiederholen.
- Die Konfirmandinnen und Konfirmanden mit der nächsten Aufgabe vertraut machen: Jede Geschichte vom biblischen Wasser, wie sie auf den Bildern zu sehen ist, soll in einer Strophe dieses Liedes erzählt werden. Eine Anleitung wird das Dichten leicht machen.
- Arbeitsbogen **M 6** verteilen und erläutern.
- Noch einmal das Wasserlied singen. Es dichtet sich leichter, wenn man die Melodie im Kopf hat.
- Die jeweiligen biblischen Geschichten zum Nachlesen auslegen oder von der Bilderwand abnehmen lassen.
- Eine Reinschrift der fertigen Liedstrophen für alle kopieren oder Strophen rasch für alle sichtbar aufschreiben (Tafel, Tapete, Packpapier).
- Das Lied mit dem neuen Text Strophe für Strophe singen; mit der Gruppe Verbesserungen suchen, wenn es holpert; zum Schluß die endgültige Fassung einmal ganz durchsingen.

→ **Alternative zu Pkt. 2**
- *Das Strophenblatt M 5 enthält zu jedem Bibeltext eine Strophe aus der Erprobung. Strophen, die der eigenen Textauswahl entsprechen, auf das Liedblatt M 4 kopieren.*
- *Das Lied an Hand der 1. Strophe lernen.*
- *Jeder überlegt, wie die biblische Geschichte, zu der sie/er ein Bild gemalt hat, den anderen in fünf eigenen Sätzen erzählt werden kann. Dazu Bibeltexte noch einmal zum Nachlesen auslegen oder von der Bilderwand abnehmen lassen.*
- *Konfirmandinnen und Konfirmanden treten vor die Bilderwand, zeigen auf ihr Bild und lesen laut ihre 5-Satz-Geschichte vor.*
- *Nach jeder Lesung wird der entsprechende Liedvers gesungen.*

3. Abschluß
Jeder schreibt die beiden nachstehenden Sätze auf eine Karteikarte und ergänzt sie:

> In der Bibel wird vom Wasser erzählt, …
>
> Wenn jemand mit diesem Wasser getauft wird, …

Karteikarten einsammeln, alle am Taufstein (oder um die Taufschale) versammeln und die Sätze nacheinander vorlesen.

Die Taufe Jesu

Die Taufe Jesu

☞ **Wie Jesus mit seinen Jüngern** das Abendmahl gefeiert hat, so geht auch die christliche Taufe darauf zurück, daß Jesus selbst getauft worden ist. Alle vier Evangelien berichten davon und heben die Bedeutung der Begegnung Jesu mit Johannes dem Täufer dadurch hervor, daß sie die eigentliche Wirksamkeit Jesu mit diesem Geschehen beginnen lassen.

Die Evangelien geben aber über die Taufe Jesu keinen historischen Bericht. Was sie über den Ablauf der Ereignisse erzählen, deutet bereits, was dort geschieht: Der aufreißende Himmel markiert die Zeitenwende. Die aus dem Himmel herabkommende Taube ist ein Bild für den Geist Gottes, der als Lebensodem, Lebensretter (Sintflutgeschichte) und Friedefürst aus dem Himmel herab den Menschen nahekommt. Die Stimme aus dem Himmel weist Jesus als den Bevollmächtigten aus, der die neue Zeit und das Reich Gottes heraufführen wird. Matthäus stellt der Taufe einen Wortwechsel voran und weist damit ausdrücklich auf die Beziehung der Taufe zum gesamten Heilswerk Christi hin. Das Taufbegehren Jesu »zur Vergebung der Sünden«, eben um »alle Gerechtigkeit zu erfüllen« (Mt 3, 15), blickt voraus auf Jesu Tod »zur Vergebung der Sünden«. Im Wasserritus vollzieht sich der Tod genauso wie die Auferstehung und die darin sichtbare Rechtfertigung durch Gott.

Die Taufe Jesu ist insofern das »Urbild der christlichen Taufe«,[1] als in jeder christlichen Taufe nicht weniger geschieht als damals am Jordan. Im »Bad der Wiedergeburt« (Tit 3,5) sterben und auferstehen wir, Gott gibt den Odem zu einem neuen Leben und nimmt uns als seine Kinder an. Der Taufritus will das immer wieder abbilden. »Alles ist bildlich an euch vorgenommen, weil ihr Bilder Christi seid.«[2]

Diesem Geheimnis gilt es lebenslang nachzuspüren. Die nachstehend beschriebene Auseinandersetzung mit der Taufgeschichte Jesu will dazu auf neue Weise anregen.

---

[1] **U. Steffen, Taufe**, Stuttgart 1992, 2. Auflage, S. 143.
[2] **Cyrill von Jerusalem, Mystagogische Katechese 3,** zitiert aus: A. Heilmann (Hg.), Texte der Kirchenväter, München 1964, Bd. 4, S. 260.

MIT KONFIRMANDINNEN UND KONFIRMANDEN

Unterrichtsidee

Der biblische Text wird in vielen kleinen, spielerischen, assoziativen und imaginativen Schritten erschlossen, die unter anderem aus der Bibeltheater- und Bibliodramarbeit entlehnt sind.
Es ist dazu kein spezielles Vorwissen der Anleiterin oder des Anleiters erforderlich, nur Lust am Spiel und Freude an körperlichen Ausdrucksmöglichkeiten. Die Beschreibung versucht, auch wenig Geübte »an die Hand zu nehmen«.

Absicht

Die Konfirmandinnen und Konfirmanden sollen die Geschichte von der Taufe Jesu kennenlernen, sich wesentliche Aussagen erschließen und sie ansatzweise auf ihre eigene Taufe beziehen.

Material

- Für jedes Gruppenmitglied ein großes Tuch, blaues Papier (notfalls weißes Papier mit Wasserfarbe bemalen) und blaue Filzstifte.
- Evtl. eine Triangel (oder ein Glas, das für einen Ton angeschlagen werden kann).
- M 7 »Wie Johannes der Täufer predigen«.

WIE MAN ZU TÜCHERN KOMMT UND WAS MAN DAMIT ALLES TUN KANN

Einfachste Möglichkeit: Konfirmandinnen und Konfirmanden bitten, zu dieser Stunde ein Bettlaken (es kann ruhig farbig sein) mitzubringen; für die Vergeßlichen einige größere Tischtücher aus dem Gemeindebestand, notfalls Laken aus dem eigenen Kleiderschrank bereitlegen.

Eine eigene »Tuchsammlung« (z.B. in einem alten Koffer griffbereit aufbewahrt) löst das Beschaffungsproblem ein für allemal. Ein Grundstock kann durch kritische Durchsicht des eigenen Haushalts und eine Bettelaktion in der Gemeinde geschaffen werden. Am besten geeignet sind einfarbige oder nur schwach gemusterte Stücke in Laken- oder Doppellakengröße. In den Stoffabteilungen der Kaufhäuser lassen sich immer preiswerte Reste erstehen, natürlich auch im Stoffgroßhandel, auf einem Trödelmarkt usw. Zwei oder drei Teile, vielleicht in schönen Farben, die bisher noch fehlen, lassen sich bei Gelegenheit gezielt kaufen.

Tücher wecken die Lust am Spiel und beleben alle Szenen, die Konfirmandinnen und Konfirmanden darstellen sollen. Sie können zur raschen Verkleidung benutzt werden, zur Gestaltung eines Hintergrundes oder auch zur Andeutung eines Gegenstandes (Berg, Stein, See, ...). Weil sie Verkleidung und Kulisse nur andeuten, entzünden sie bei Spielern und Betrachtern Phantasie, die das Spiel ausfüllt.

In gleicher Weise lassen sich Tücher auch außerhalb allen Spiels bei vielen Gelegenheiten verwenden: Sie decken etwas zu, das erst im Laufe des Unterrichts enthüllt werden soll; sie schmücken und verändern einen eher kargen Raum; sie verbergen einen Stuhlstapel, der nun einmal nicht woanders untergebracht werden kann; sie decken einen Tisch (oder einen Platz auf der Erde), wenn in einer Pause oder am Ende der Stunde gegessen werden soll. Tücher helfen, eine konzentrierte und im pädagogischen Sinn wohnliche Atmosphäre zu schaffen, die kirchlichen Unterricht von vornherein wohltuend auszeichnen kann.

Die damit angesprochene Frage einer zu entwickelnden Unterrichtskultur findet in der religionspädagogischen Literatur kaum Beachtung. Bisweilen wird sie sogar ausdrücklich abgewertet mit dem Hinweis, das es doch wohl in erster Linie auf den Inhalt, theologisch »das Wort«, ankäme, und erst dann auf »Äußerlichkeiten«. Das hat im Protestantismus eine gewisse Tradition. Demgegenüber wird hier die Auffassung vertreten, daß Formlosigkeit ein kaum zu überwindendes Hindernis ist, ein Thema mit Jugendlichen im Konfirmandenalter angemessen zu entfalten. Viele Schwierigkeiten, die Pfarrerinnen und Pfarrer im Unterricht haben, wurzeln eben auch darin, daß sie ihre Konfirmandinnen und Konfirmanden in einem uniform eingerichteten, bisweilen auch häßlichen Raum des Pfarr-oder Gemeindehauses versammeln. Wenn Kinder und Jugendliche aber keinen Ort haben, an dem sie sich gerne aufhalten und leiblich heimisch sind, werden sie auch geistig nicht »zu Hause« sein können.

Für den Religionsunterricht an der Schule hat Hubertus Halbfas formuliert, was auch und erst recht für jeden gemeindlichen Unterricht gelten soll. (H. Halbfas, Das dritte Auge, Düsseldorf 1982, S.165ff., bes. S. 167-172 Lernen als räumliche Erfahrung.)

Zeit
90 Minuten

Kurzfassung
Aus dem beschriebenen Verlauf Pkt. 2 in Auswahl, Pkt. 3 und 5 (30 Minuten).

Verlauf
Tische und Stühle aus dem Unterrichtsraum herausstellen, damit ein großer Platz zum Spielen entsteht; evtl in den Gemeindesaal oder auch in die Kirche gehen. Aus den beschriebenen Aktionen auswählen.

1. Johannes
- Kreuz und quer umhergehen und auf Zuruf die Gangart wechseln: ganz langsam, auf einem Bein, spazieren gehen, jemanden treffen und begrüßen, sehr eilig, etwas suchen, immer wieder umkehren, still stehen.
- Wie Johannes am Jordan predigen: Jeder erhält einen Textstreifen (**M 7**) mit der Aufgabe, ihn den anderen sehr laut »wie ein gewaltiger Prediger« vorzulesen. Jede Predigerin und jeder Prediger wählt sich dazu einen geeigneten Platz im Raum. Danach eine zweite Runde frei, ohne auf den Zettel zu sehen.
- Gesprächsanregungen:
  - Beschreibt euer Gefühl, das ihr beim Predigen hattet.
  - Erzählt mit eigenen Worten, was Johannes eigentlich will.
  - Hat er recht? Ist das Spinnerei? Wie denkt ihr darüber?
  - An welcher Stelle könntet ihr Johannes am ehesten zustimmen?
  - Johannes droht den Menschen. Verspricht er auch etwas?
  - Stellt euch vor, ihr würdet euch auf die Straße stellen und anfangen, so zu reden.
  - Welche Leute werden Johannes damals zugehört haben?
  - Haben sie etwas Bestimmtes erwartet? Wenn ja, was?
- Zum Abschluß und zur Überleitung Mt 3,1-4 vorlesen.

2. Der Gang zum Jordan
- Wieder im Raum umhergehen; den Weg zum Jordan suchen.
- Evtl. im Freien: über die Wiese, einen Zaun entlang, durchs Gebüsch, barfuß über einen Kiesweg usw.
- Sich selbst etwas entfernt hinstellen und alle bitten, im Zeitlupentempo näherzukommen und dabei dicht zusammenzurücken.
- Text Mt 3,4-5 lesen.
- Tücher zum Aussuchen in die Mitte legen.
- Geht im Raum umher und probiert aus, was man mit dem Tuch machen kann.
- Auf Zuruf sich mit dem Tuch verkleiden und umhergehen wie: Ein Geschäftsmann, ein Kranker, ein Priester, ein Zuschauer, eine Greisin, eine schöne Frau, ein Bettler, ein Frommer, ein König, eine Marktfrau, ein Blinder, ... Wie möchtet ihr selbst zum Jordan gehen?
- Alle hinsetzen lassen und noch einmal V5 lesen.
- Eine kurze Gesprächsrunde über die entstandenen Eindrücke anleiten.
- Ein blaues Tuch auf dem Boden ausbreiten, blaues Papier und blaue Stifte dazulegen.
- »Buße tun« und »Sünden bekennen« heißt, daß man sich vornimmt, etwas nicht wieder zu tun, das falsch ist. Stellt euch vor, ihr steht am Jordan und wollt Johannes sagen, was ihr nicht wieder tun wollt. Schreibt das in einigen Stichworten auf einen blauen Zettel und legt die Zettel dann so auf das Tuch, daß man nicht lesen kann, was ihr geschrieben habt.
- Wenn alle fertig sind, eine »Zeichenhandlung« machen: Das Tuch so zusammenlegen, daß die Zettel darin verborgen sind.

Die Taufe Jesu

- **Gesprächsanregungen:**
  - Was ich eben getan habe, geschieht auch in der Taufe! Reaktionen abwarten, evtl. Handlung noch einmal wiederholen.
  - Wie müßten wir die Taufe gestalten, damit das gut sichtbar wird, was eben gesagt wurde?
  - Die verschiedenen Taufbilder (»Denk mal nach ...«, S. 188-189) betrachten und Taufriten analysieren.
  - Was machen wir jetzt mit euren Zetteln?

3. Jesus
- Das Tuch wieder nehmen und sich damit wie ein Mensch anziehen, der zu Johannes dem Täufer geht.
- Eine Konfirmandin oder einen Konfirmanden benennen, der Jesus darstellen soll. Jesus geht durch die Menge. Wie geht Jesus? Wie verhält sich die Menge? Mit mehreren Jesusspielern wiederholen.
- Text V13-15 lesen.
- Jesus und Johannes begegnen sich. Dazu in Partnerarbeit eine stumme Szene überlegen. Szenen vorspielen.
- Gesprächsanregungen:
  - Szenen, die ähnlich waren.
  - Eine Szene, die anders war.
  - Eine Szene, die besonders beeindruckt hat.
  - Eine Frage an die Jesusspieler: Warum will Jesus sich taufen lassen?
  - Eine Frage an die Johannesspieler: Warum hast du Jesus getauft?

4. Der offene Himmel
- Mit den Tüchern eine Landschaft gestalten: Hügel, Büsche, einen Wald, einen großen Berg, ...
- Mit allen Tüchern einen breiten Fluß legen.
- Einzelne »ins Wasser« steigen lassen.
- An die Ergebnisse des Gesprächs über die »Zeichenhandlung« mit den Zetteln zur Sündenvergebung erinnern und versuchen, sie in einer Spielszene darzustellen.
- Mit den Tüchern einen Himmel gestalten.
- »Der Himmel öffnet sich!« Verschiedene Einfälle durchspielen.
- Stellt euch vor, ihr steht am Jordan und schaut zu, wie Johannes Jesus tauft. Nehmt eine Körperhaltung ein, die dieses Zusehen ausdrückt und bleibt so erstarrt stehen.
  Abwarten, bis alle zur Ruhe gekommen sind.
  Wenn ihr einen Ton von der Triangel hört, seht ihr, wie der Himmel sich öffnet. Versucht, in Zeitlupe (!) mit eurer Körperhaltung darauf zu reagieren. Bewegt euch sehr langsam solange, bis ihr wieder einen Ton hört.
- Gesprächsanregung: Was ist durch die Spielszenen über den Satz »Der Himmel öffnet sich« deutlich geworden und was nicht?

- Ein Lied vom Liederblatt **M 15** singen oder z.B. »*Der Himmel geht über allen auf*«.

5. Du bist mein lieber Sohn! Du bist meine liebe Tochter!
- Alle stellen sich im Kreis auf.
- Einer nach dem anderen spricht: Du bist mein lieber Sohn! Eine zweite Runde: Du bist meine liebe Tochter!
- Verschiedene Sprecharten ausprobieren: Einer nach dem anderen spricht den Satz vor, alle anderen wiederholen ihn auf die selbe Art. Die Sätze im Chor sprechen: Normal, laut, leise, flüsternd, rufend, predigend, schnell, langsam, Wort für Wort, ...
- Gruppen zu vier Spielern wählen lassen: Eine kurze Szene entwickeln zu den eben gesprochenen Sätzen. Szenen vorspielen.

6. Abschluß
- Packpapier in die Mitte legen, »Du bist mein lieber Sohn! / Du bist meine liebe Tochter!« für alle sichtbar mit dickem Stift aufschreiben. Filzer verteilen. Jede und jeder schreibt in einem Satz, wie sie/er das versteht.
- Ein Lied zum Abschluß.

Wie Jesus am Jordan ...

Wie Jesus am Jordan ...

→ **Das Altarbild Piero della Francesca** enthält eine Fülle an Details und Bezügen, von denen sich manche auch nach längerer Betrachtung nicht erschließen. Ihre kunstgeschichtliche Deutung ist ungeklärt.

Aus zwei Gründen eignet sich das Bild dennoch in hervorragender Weise, mit Konfirmandinnen und Konfirmanden erschlossen zu werden: Die Jordanszene hat der Maler in die Landschaft seiner Heimat verlegt und ein junger Mann bereitet sich auf der rechten Bildseite auf seine Taufe vor. Beides eröffnet Möglichkeiten zur Anknüpfung und Identifizierung. In den vorangegangenen Stunden konnte ein Gespür für übertragene Deutungen entwickelt werden. Das kann sich hier bewähren und weiter schärfen.

PIERO DELLA FRANCESCA: TAUFE CHRISTI (1448/50)[1]

Information für Unterrichtende

☞ **Bei der Darstellung der »Taufe Christi«** (Mk 1,9-12; Mt 3,13-17; Lk 3,21-22) handelt es sich um die Mitteltafel eines Tryptichons. Sie wurde zwischen 1440 und 1470 für die Kirche S. Giovanni Battista in Borgo San Sepolcro (nördlich von Rom) geschaffen. Als man die Kirche im frühen 19. Jahrhundert abriß, gelangte die Altartafel in die Londoner National Gallery, die von Metteo di Giovanni geschaffenen Altarflügel verblieben im Museum des Ortes.

Piero della Francesca, Taufe Christi (AKG, Berlin)

Das in zahlreichen symbolischen und spirituellen Anspielungen verschlüsselte Werk gibt eine Reihe von Rätseln auf und führt zu den verschiedensten Interpretationen. Piero della Francesca steht hier in einer kunstgeschichtlichen Tradition, in der das Thema der Taufe Christi immer mit bestimmten Personen bzw. Personifikationen (z.B. Engel, Dreifaltigkeit) und typologisch mit verschiedenen Motiven aus dem Alten Testament verbunden worden ist: Schöpfung (1 Mose 1,1ff.) und Beginn einer neuen Weltzeit, Sintflut (1 Mose 6-9) und Vernichtung der Sünden, Durchzug durch das Meer (2 Mose 14) und rettende Gegenwart Gottes, die Paradiesflüsse (1 Mose 2,10ff.) als Quelle der Taufe und Lebensweg, das schon von Paulus (1 Kor 10,1-4) auf Christus gedeutete Wasserwunder am Felsen in der Wüste (2 Mose 17,1ff.). Die hier schon erkennbar werdende Komplexität des Themas findet bei Piero della Francesca eine weitere vielschichtige Ausdeutung.

> **5 MINUTEN ZUR EIGENEN AUSEINANDERSETZUNG MIT DEM BILD**
> Werfen Sie einen ersten Blick auf das Bild und halten Sie fest, was Ihnen am meisten auffällt.
> Denken Sie darüber nach, warum das so ist, und betrachten Sie dabei das Bild genauer.
> Was erkennen Sie wieder an Personen, Symbolen, biblischen und anderen Bezügen?
> Welche Frage hätten Sie gerne von dem Maler beantwortet?
> Wo würden Sie es aufhängen und warum?

---

[1] Diese Analyse und Interpretation wurde in Zusammenarbeit mit U. Baetz erstellt.

→ *Einzelheiten der Darstellung*

Piero greift den seit dem frühen 14. Jh. üblichen Typus der Taufe auf, in dem Johannes der Täufer am Ufer des Jordan stehend die Begießung des Täuflings mit dem geweihten Wasser aus einer Muschel zelebriert. Die Muschel zitiert als Mariensymbol (sie barg die kostbare Perle Christus) die Menschwerdung Christi und weist gleichzeitig auf Grab und Auferstehung voraus. Über dem Geschehen schwebt ruhig die Taube als Zeichen des Heiligen Geistes und der Gegenwart Gottes.

Der Fluß oder See, aus dem das Taufwasser stammt, ist nur angedeutet. In seinem Wasser spiegeln sich Himmel und Erde. Ganz konkret: Der Himmel hat sich in diesem Wasser mit der Erde verbunden.

Drei statuarisch wirkende junge Männer wohnen der Zeremonie bei. An der linken Figur sind Flügel erkennbar, die beiden anderen tragen einen Kranz aus Blüten oder Zweigen im Haar. Die Drei blicken auf das Geschehen, sind aber auch untereinander sehr zugewandt, halten sich an der Hand und lehnen sich aneinander. Es entsteht ein starker Eindruck von Einheit.

Eine Deutung ist nicht gesichert. Die Flügel weisen auf die himmlische Sphäre. Das läßt zusammen mit der sichtbar werdenden Verbundenheit an eine Personifikation der Trinität denken. Der biblische Beleg ist der Besuch dreier Männer bei Abraham (1 Mose 18,1-15), dem Vater des Glaubens.

Der Kranz ist ein Zeichen des Sieges. Damit rücken die drei jüdischen Männer in den Blick, die während des babylonischen Exils die Anbetung eines Götzenbildes verweigerten, im Feuerofen das Martyrium erlitten und durch einen Engel gerettet wurden (Dan 3). Das verbindet sich mit der von Johannes dem Täufer angekündigten Feuertaufe, die auf das Jüngste Gericht verweist.

Es ist auch möglich, daß die jungen Männer die drei Tugenden Glaube, Hoffnung, Liebe (1 Kor 13,13) personifizieren. Es wäre dann betont, daß die Taufe der Beginn eines neuen Lebensweges ist, der durch diese Tugenden bestimmt ist.

Zwischen dem getauften Christus und den drei jungen Männern steht ein Baum, der das Bild füllt. Mit seinen Wurzeln unter der Erde im Todesreich, mit dem aufstrebenden Stamm im Lebensraum auf der Erde und mit der den oberen Bildteil beherrschenden und in den Himmel ragenden Krone macht er die Verbindung der kosmischen Bereiche deutlich. Der Laubbaum symbolisiert durch den jährlichen Wechsel von Absterben und Aufblühen den Tod und die Wiedergeburt. Assoziiert wird auch der Lebensbaum aus der Paradiesgeschichte (1 Mose 3,22).

Das alles verbindet sich vielfältig mit der biblischen Taufgeschichte und zentralen Aspekten der Deutung des Taufgeschehens. Der »offene Himmel« und das Bekenntnis zu dem Menschen Jesus erzählt eben auch, wie sich »oben« und »unten« verbunden haben. Der Glaube, daß in der Taufe der alte Mensch stirbt und ein neuer Mensch »aus dem Wasser geboren« wird, verbindet die Christenheit. In diesem bildlichen und inhaltlichen Kontext ist der Lebensbaum ein Hinweis auf den andauernden Heilswillen Gottes.

Hinter dem getauften Christus im Mittelgrund des Bildes sind eine Reihe von Baumstümpfen zu sehen. Sie erscheinen als Gegenstücke zu dem aufragenden, voll im Laub stehenden Baum.

Möglicherweise beziehen sie sich auf die Bußpredigt des Johannes (Mt 3,10 und Lk 3,9): Ein Baum, der keine Frucht trägt, wird abgeschlagen. Die Taufe ist dann der erste, wichtige Schritt für Gedeihen und Wachstum der Früchte.

Ebenfalls im Mittelgrund rechts legt ein junger Mann an einer Biegung des Flusses seine Kleider ab, offenbar um sich auf die Taufe vorzubereiten.

Ein Hinweis auf die Gemeinde und auf die Konsequenz dessen, was im Vordergrund geschieht. Christi Taufe geschieht wegen all derer, die zur Taufe kommen sollen.

Vier fremdartig gekleidete Männer gehen hinter dem eben betrachteten Jüngling am Ufer entlang. Sie haben die Taufszene schon hinter sich gelassen.

Man hat sie als Magier gedeutet, Heilige oder Propheten, die das Gesetz vertreten. Denn das alte Gesetz ist durch die Taufe überwunden.

Eventuell hat aber Piero sein Werk mit einem aktuellen politischen Bezug versehen. Die Männer können auf ein 1439 in Florenz fortgesetztes Konzil hinzuweisen, das den innerkirchlichen Zerfall und die Wiederannäherung an die östliche Kirche unter römischer Oberhoheit zum Thema hatte. An dem Konzil waren ähnlich gekleidete Vertreter der griechischen Kirche beteiligt, die Piero vermutlich kennengelernt hatte und auch in den Fresken in Arezzo (Toskana) zitiert. Der Bildzusammenhang könnte dann vermitteln, daß die ganze Christenheit von der einen Taufe herkommt und deshalb zu Versöhnung und Einheit aufgerufen ist.

Piero verlegt die Taufszene in eine fein ausgeführte, hügelige Flußlandschaft, die auf die biblisch belegte Taufe im Jordan verweist. Die auf den Jordan anspielende Örtlichkeit entpuppt sich jedoch als eines der frühesten Landschaftsporträts: Piero gibt eine historisch belegbare Ansicht des Tibertales vor Borgo San Sepolcro wieder – dem Bestimmungsort des Bildes und Pieros Heimatstadt.

Damit ist noch einmal betont, daß sich das damals im Jordantal zugetragene Heilsgeschehen an jedem Ort in jeder Taufe wiederholt und eben auch hier und jetzt.

→ *Zur Biographie Piero della Francescas*

Piero della Francesca wurde in Borgo San Sepolcro zwischen 1410 und 1420 als Sohn einer Handwerker- und Händlerfamilie geboren. Seine Ausbildung erfuhr er zwischen 1439 und 1445 in Florenz, zu einer Zeit, als sich dort die Frührenaissance entwickelte und die Stadt zum Zentrum der Erneuerung der Kunst machte.

Pieros Ansehen stieg durch den Erfolg seiner frühen Arbeiten, so daß er auch nach seiner Rückkehr in seinen Geburtsort zahlreiche Aufträge im Umland auszuführen hatte: 1448-1450 ist er in Ferrara, in den 50er Jahren in Rimini und Arezzo nachweisbar; 1459 arbeitete er für den Vatikan in Rom und 1469 trifft man ihn am Hofe von Urbino, an dem Piero besondere Anregungen von den dort versammelten führenden Humanisten und Künstlern empfing. In seinen letzten Lebensjahren widmete er sich intensiv mathematisch-kunsttheoretischen Studien und verfaßte wissenschaftliche Traktate.

1492 starb Piero hoch angesehen und vermögend in Borgo San Sepolcro. Er gilt als einer der bedeutendsten Künstler der italienischen Frührenaissance. Er bemühte sich um eine wissenschaftliche Erfassung und Umsetzung der Perspektive und um eine natürliche Licht- und Farbgebung. Seine Formenwelt ist angefüllt mit humanistischen Idealen, die er zu höchstem Ausdrucksgehalt steigerte – ein Umstand, der uns heute den Zugang zum Verständnis seiner Arbeiten erschwert.

MIT KONFIRMANDINNEN UND KONFIRMANDEN

Unterrichtsidee

Das Bild Piero della Francescas wird in einem Rollenspiel erschlossen. Konfirmandinnen und Konfirmanden informieren sich mit einem Arbeitsbogen über jeweils ein Bildmotiv und geben den anderen dann als »Kunstexperten eines Museums« darüber Auskunft.

Absicht

Die Konfirmandinnen und Konfirmanden sollen sich gegenseitig das Altarbild Piero della Francescas verständlich machen und dabei die im bisherigen Unterrichtsverlauf kennengelernten Deutungszusammenhänge anwenden.

Material

- Folie **M 8** oder Plakat **M 16**: Piero della Francesca, »Taufe Christi«
- OH-Projektor
- **M 9** »Informationen für Kunstexperten«
- Bleistifte und Notizpapier
- Unterrichtsbücher »Denk mal nach ...«
- Bibeln, in denen die in den »Informationen für Kunstexperten« angegebenen Bibelstellen markiert sind, z.B. mit eingelegten Zetteln.

Zeit

90 Minuten

Kurzfassung

Aus **M 9** ca. 3-4 Aufgaben auswählen und den beschriebenen Verlauf darauf abstimmen.

Verlauf

Das Plakat **M 16** anbringen oder die Folie **M 8** mit einem OH-Projektor an eine geeignete Fläche projizieren. Stühle im Halbkreis davor stellen. Das Bild ist schon zu sehen, wenn die ersten Konfirmandinnen und Konfirmanden den Raum betreten.

1. Erste Betrachtung
- Ein Lied vom Liederblatt **M 15** singen.
- Die Aufmerksamkeit der Gruppe auf das Bild lenken und Reaktionen abwarten.
- An die vergangenen Stunden erinnern und danach fragen, was von den bisher zusammengetragenen Arbeitsergebnissen auf dem Bild Pieros wiedererkannt wird.
- Die Geschichte von der Taufe Jesu erzählen lassen.
- Einzelheiten suchen lassen, die der Taufgeschichte entsprechen.
- Aufzählen lassen, was anders ist, als in der Taufgeschiche beschrieben.
- Vermutungen äußern lassen, was verschiedene Einzelheiten bedeuten könnten.

2. Rollenspiel

■ Stellt euch vor, ihr seid Kunstexpertinnen und Kunstexperten und führt eine Gruppe durch ein Museum. Vor diesem Bild stoppt die Gruppe und möchte es näher erklärt haben. Natürlich seid ihr gut informiert.

Immer zwei von euch sollen in die Rolle dieser Kunstexperten schlüpfen und den anderen einen Ausschnitt des Bildes erläutern. Ihr bekommt eine Informationskarte zur Vorbereitung, außerdem eine Bibel und einen Bleistift. Wenn ihr etwas nicht versteht, müßt ihr mich leise fragen.

M 9, Unterrichtsbücher (zum Betrachten des Bildes »Denk mal nach ...«, S. 188-189), Bibeln, Stifte und Notizpapier verteilen und Vorbereitungszeit festlegen (ca. 15 Minuten). Alle suchen sich einen Platz im Gemeindehaus, an dem sie ungestört reden und überlegen können.

Tip → *In kleineren Gruppen Einzelarbeit.*

3. Betrachtung im Museum

Gruppe wieder im Halbkreis vor das Bild setzen. Nacheinander die »Kunstexperten« bitten, ihren Bildausschnitt zu erläutern. Am OH-Projektor dazu die anderen Bildteile abdecken.

Äußerungen der Konfirmandinnen und Konfirmanden in einem jeweils anschließenden kurzen Unterrichtsgespräch vertiefen, dabei aber darauf achten, daß die Konfirmandenergebnisse nicht von dem eigenen Bildverständnis erdrückt werden.

→ *Informationsblätter M 9 einsammeln und für die Stunde »Zur Taufe kommen« aufheben.*

4. Abschluß

Ein Lied vom Liederblatt **M 15** singen und anschließend Ideen sammeln, in welcher Weise das Bild Piero della Francescas zusammen mit den eigenen Bildern vom biblischen Wasser im Taufgottesdienst sichtbar gemacht werden können. In diesem Zusammenhang evtl. einen Ausblick geben auf die nächsten beiden Stunden.

In den Himmel geschrieben

In den Himmel geschrieben

☞ **Der Name gehört zu den ersten Worten,** die zu uns gesprochen werden. Unsere Eltern haben sich über uns gebeugt, uns mit Namen gerufen, gelockt, gekost und so versucht, Wärme, Kontakt und Zutrauen in uns zu erwekken und uns ins Leben zu führen.

Von diesen ersten Tagen sind wir in unseren Namen hineingewachsen. Wird er genannt, horchen wir auf, drehen uns um, kommen herbei und können schon am Klang Ärger oder Zustimmung unterscheiden. Höre ich meinen Namen, weiß ich, es geht um mich. Steht mein Name auf einem Buch, weiß alle Welt, es ist mein Buch. Wird mein Name verdreht oder verulkt, trifft es mich selbst: »Seh ich mir dieses Rindvieh an, so denk ich an mein Christian.« Der »Eigenname eines Menschen ist nicht etwa wie ein Mantel, der bloß um ihn her hängt und an dem man allenfalls noch zupfen und zerren kann, sondern ein vollkommen passendes Kleid, ja wie die Haut selbst ihm über und über angewachsen, an der man nicht schaben und schinden darf, ohne ihn selbst zu verletzten.«[1]

Wer keinen Namen hat, hat keine Geschichte und kein Ich, ist ein Kaspar Hauser und ein »Heda« wie Joseph, der nach Ägypten verkauft wird. »Wie heißt denn der Hundejunge?«(fragt der Käufer). »Der heißt nicht«, erwiderte Dan (ein Bruder). »Wie sollte er heißen? Der hat überhaupt keinen Namen bis jetzt, denn wir sagten ja, daß er ein Niemandssohn ist, ein Bankert und Schilfgewächs wilder Zeugung, und hat keine Sippe. Wir nennen ihn ›Heda‹ und ›Du‹ oder pfeifen auch bloß. Mit solchen Namen nennen wir ihn.«[2]

Wer sich selbst sucht, wird sich immer auch mit seinem Namen beschäftigen. Das macht das Thema für Jugendliche im Konfirmandenalter interessant.[3] Schon wer nur zeitweise in eine andere Rolle schlüpft, bekommt dafür manchmal einem anderen Namen.[4] Der Beginn eines ganz und gar neuen Lebens will fast immer mit einem Namenswechsel deutlich gemacht werden.[5]

Die Verbundenheit meines Namens mit mir beinhaltet ein kommunikatives Element: Ich bin Ich dadurch, daß ich mit meinem Namen angeredet werde, mich jemand kennt, mich kennenlernen, jedenfalls etwas mit mir zu tun haben möchte. Theologisch formuliert, weist mein Name darauf hin, daß Gott mich nicht anonym läßt, sondern meine Eigenheit, meine Identität kennt und mich in ihr aufsucht.

---

1 **J. W. v. Goethe, Aus meinem Leben. Dichtung und Wahrheit,** Zweiter Teil, 10. Buch, Werke, Hamburger Ausgabe, München 1982, Bd. 9, S. 407.
2 **Th. Mann, Joseph und seine Brüder** Bd. II, Der junge Joseph, Frankfurt am Main 1991, S. 217f.
3 **Ch. Grethlein, Art. Name/Namensgebung V,** in: TRE Bd. 23, S. 760.
4 In der bündischen Jugend erhalten die Gruppenmitglieder einen neuen Namen, der auf einen Charakterzug oder ein Erlebnis verweist.
5 Bei der Aufnahme ins Kloster wird den Postulanden als Ausdruck des vollzogenen Herrschaftswechsels und zum Zeichen, daß nun ein anderes Leben begonnen hat, ein neuer Name verliehen. Der Gedanke wird auch immer wieder zur Deutung des Taufgeschehens herangezogen. Nach einer mißglückten Ehe häufig wird der ursprüngliche Name wieder angenommen. In der Debatte um Um- bzw. Rückbenennungen von Straßennamen in der ehemaligen DDR spielte die Frage der Anerkennung der nun einmal so gelebten 40jährigen Geschichte, also die Frage der Identität, eine wichtige Rolle.

28 | In den Himmel geschrieben

MIT KONFIRMANDINNEN UND KONFIRMANDEN

Unterrichtsidee
Sprech- und Schreibübungen zum Namen sollen zu einem Gespräch anregen, in dem es darum gehen kann, wer ich bin und/oder wer ich gerne sein möchte, wie mich andere Menschen sehen und wer ich vor Gott bin.

Absicht
Konfirmandinnen und Konfirmanden sollen durch die Beschäftigung mit dem eigenen Namen klären, welches Bild sie von sich selbst haben und wie sie auf andere wirken. In diesem Zusammenhang sollen sie einen weiteren Zugang zur Deutung des Taufgeschehens gewinnen.

Material
- Nach Zahl der Gruppenmitglieder jeweils 5 DIN A3-Blätter in der Mitte zu einem »DIN A4-Heft« zusammenfalten und mit einem Gummiring fixieren
- Ölkreiden oder ganz dicke Buntstifte
- Karteikarten
- Kugelschreiber
- Evtl. M 10 für einen Gedankenaustausch in Kleingruppen kopieren
- Evtl. das Taufbuch der Gemeinde
- Lk 10,20b auf ein Textplakat geschrieben

Zeit
90 Minuten

Kurzfassung
Aus dem beschriebenen Verlauf Pkt. 2, kurze Auswertung im Plenum (Pkt. 3)

Verlauf
Vor Beginn der Stunde Tische und Stühle im Unterrichtsraum soweit an den Rand stellen, daß genügend Platz zum Bewegen entsteht.

1. Einstimmung
- Alle gehen im Raum umher und buchstabieren laut den Vornamen. Jede und jeder sucht dabei einen eigenen Rhythmus. Sind alle Buchstaben genannt, wird der Vorname gesagt und die oder der Betreffende bleibt stehen. Die Anleiterin oder der Anleiter macht es umhergehend am eigenen Namen vor und ermutigt so zu einer ersten Runde.
Das muß 2-3mal wiederholt werden, bis alle die Sicherheit gewonnen haben, Buchstaben und Namen deutlich zu nennen, die Runde bis zum letzten Namen in Ruhe auszuhalten und den Klangeindruck in sich aufzunehmen.
- Einige weitere der nachstehend genannten Sprechübungen anleiten:

- Die Buchstaben des eigenen Namens durcheinander sprechen.
- Eine alphabetische Reihenfolge versuchen.
- Erst die Vokale nennen, dann die Konsonanten.
- normal sprechen, dann aber auch: laut, rufen, schnell, langsam, befehlen, locken, bitten, schreien, leise, flüstern, ...
- Eine kurze Gesprächsrunde anleiten, z.B. Was hat mir gefallen/was nicht; das Durcheinander war am größten, als ...; es hat sich beruhigt, als ...; ist eine Erinnerung/ein Gedanke in mir wach geworden?, ...

Alternativen
- Alle stellen sich im Kreis auf. Reihum wird der jeweils erste Buchstaben des Namens gesagt, dann der zweite usw. Wer die Buchstaben verbraucht hat, nennt den Namen, und zwar solange immer wieder, wenn sie bzw. er an der Reihe ist, bis in der Runde nur noch die Namen zu hören sind.
- Alle stehen im Kreis. Jede und jeder sagt nacheinander laut den Namen. In einer zweiten Runde wird der Name mit einer besonderen Betonung genannt und von der ganzen Gruppe wiederholt. Dritte Runde: Der Name wird genannt und durch eine Bewegung unterstrichen. Die Gruppe wiederholt Namen und Bewegung. Vierte Runde: Es wird nur die Bewegung gemacht und wiederholt.

2. Schreibübungen zum Namen
Die Konfirmandinnen und Konfirmanden erhalten das unter »Material« genannte »Heft«, wählen sich einen Farbstift und suchen sich einen Platz im Raum zum Schreiben.
»Ihr habt jetzt gleich Gelegenheit, verschiedene Schreibmöglichkeiten eures Vornamens auszuprobieren. Ich gebe euch jeweils das Stichwort. Wenn ich z.B. »schnell« sage, könnt ihr ausprobieren, wie schnell ihr euren Vornamen schreiben könnt; sage ich z.B. »müde«, schreibt ihr den Namen so, als ob ihr im nächsten Moment einschliefet. Versucht es ruhig immer mehrmals. Probiert aus, wie es am besten geht. Ist das jeweilige Blatt voll, müßt ihr eine neue Seite aufschlagen.«

Die/der Unterrichtende wählt aus der nachstehenden Liste aus und wartet nach jeder Nennung, bis alle fertig sind[6].

Möglichkeiten, den eigenen Vornamen zu schreiben
- mit der schreibgewohnten Hand
- mit der ungewohnten Hand – so leicht wie eine Feder
- dasselbe mit der gewohnten Hand
- ganz groß

---

[6] Zu der nachstehenden Übung hat angeregt: K. Vopel, Interaktionsspiele für Jugendliche II, Hamburg 1981, Nr. 20.

- so klein es geht
- Wie in der 1. Klasse
- die vielleicht letzte Unterschrift
- ein wichtiges Dokument unterschreiben
- sorgfältig / nachlässig / unleserlich
- mit dem Schreiben des Namens verschiedene Gefühle ausdrücken: friedlich / aufgeregt / wütend / liebevoll / ängstlich / selbstbewußt / ...
- als Grafitti (Szenewort: »Tag«)
- als Kreuzworträtsel
- in »chinesischen Zeichen«
- abgekürzt
- von rechts nach links
- wie jemand, der nicht schreiben kann
- wie im Paradies
- wie in der Hölle
- in einem fahrenden Auto auf Kopfsteinpflaster
- in der Achterbahn
- bewußt falsch
- normal

Zum Schluß sehen sich alle ihr Heft von der ersten bis zur letzten beschriebenen Seite an und haben danach 2 Minuten Zeit, einen Titel für das Heft zu finden; mit der Nachbarin oder dem Nachbarn den Stift zu tauschen und den Titel in Blockbuchstaben auf die erste Seite zu schreiben.

3. Auswertung

- In Gruppen ab 10 Konfirmandinnen und Konfirmanden zunächst in Kleingruppen von 3-4 Teilnehmern: Die Schreibhefte werden herumgereicht, angesehen und die auf **M 10** genannten Fragen diskutiert. (10 Minuten Zeit)
- Anregungen für ein anschließendes Gespräch im Plenum zur Auswahl. Gab es keine Kleingruppen, mit 2 oder 3 Fragen von **M 10** die Auswertung einleiten.
  - Was habt ihr über euren Namen herausgefunden?
  - Habt ihr auch etwas über euch selbst entdeckt?
  - Was kann die Schreibweise meines Namens von mir erzählen?
  - Was kann sie nicht erzählen?
  - Ggf. die Titel der »Namenhefte« reihum vorlesen lassen.
  - In welchen Büchern, Heften usw. steht denn sonst mein Name?
  - Wo ist es mir unangenehm? Wo habe ich es gerne?
  - Evtl. das Taufbuch der Gemeinde zeigen und die Namen der Konfirmandinnen und Konfirmanden vorlesen, deren Taufe darin verzeichnet ist. Warum die Namen der Getauften hier aufgeschrieben werden ...
  - LK 10,20b als kleines Textplakat in die Mitte legen. Wie versteht ihr diesen Satz? Was kann das für mich bedeuten?

- Karteikarten austeilen und folgenden Satz vervollständigen lassen:

> In der Taufe wird mein Name genannt, weil ...

4. Abschluß

- Die Karteikarten einsammeln und mischen.
- Ein Tauflied aus dem Gesangbuch (z.B. EG 207,1+3) oder vom Liederblatt **M 15** singen.
- Karteikarten austeilen und nacheinander vorlesen lassen.

Tip: Wenn wenig Zeit ist, Karteikarten einsammeln und selbst vorlesen.

→ *Nach dem Unterricht die Texte der Konfirmandinnen und Konfirmanden von den Karteikarten auf ein Plakat übertragen und für die Stunde »Zur Taufe kommen« aufheben.*

Zur Taufe kommen

Zur Taufe kommen

MIT KONFIRMANDINNEN UND KONFIRMANDEN

Unterrichtsidee
Der 2. Altarflügel soll mit Figuren gefüllt werden. Sie werden sich um den Jüngling gruppieren, der sich im Bild Pieros auf die Taufe vorbereitet. Die Figuren symbolisieren die Konfirmandinnen und Konfirmanden und »verlängern« das Werk Pieros in die Gegenwart.

Absicht
Die Konfirmandinnen und Konfirmanden sollen sich vergegenwärtigen und weiter aneignen, was bisher zur Taufe erarbeitet worden ist. Sie sollen ein persönliches Ergebnis festhalten und damit einen weiteren Teil des Altarbildes gestalten.

Zeit
45 Minuten für die Vorbereitung
90 Minuten Unterricht

Kurzfassung
Aus dem beschriebenen Verlauf Pkt. 2; aus Pkt. 3 ein oder zwei Elemente auswählen (30-50 Minuten)

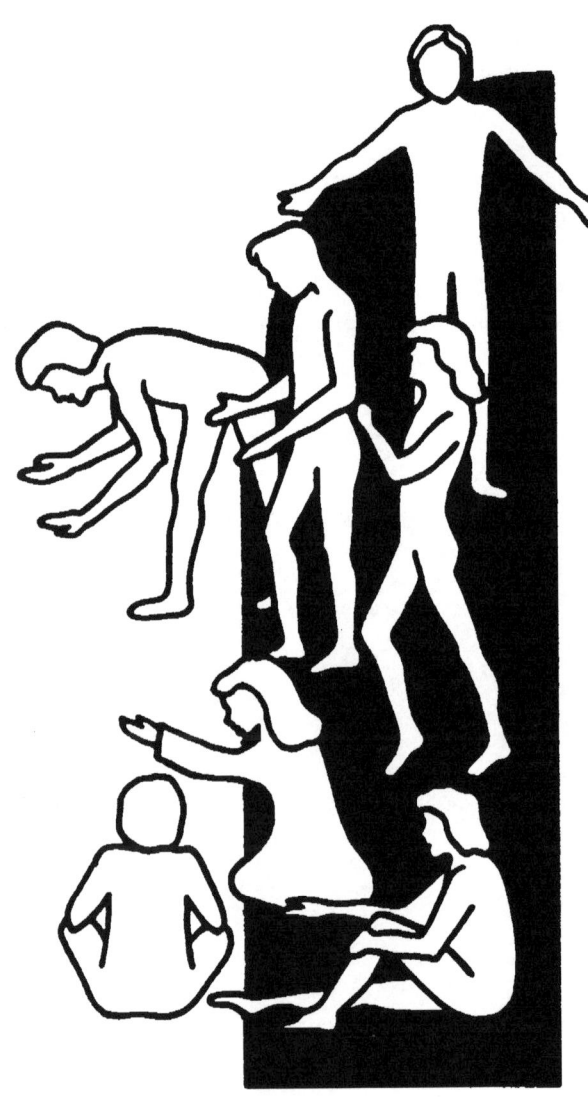

Ein langer Lernweg liegt hinter den Konfirmandinnen und Konfirmanden: Sie haben das Lebenselement Wasser befragt und sich dazu biblische Geschichten erschlossen. Sie haben die Geschichte von der Taufe Jesu spielend nacherlebt, sind in Geheimnisse eines fremden Bildes eingedrungen und abschließend bei sich selbst angekommen, jedenfalls bei ihrem Namen, unter dem sie den Menschen und Gott bekannt sind.

Gemalte und gespielte Bilder, Bibeltexte, Formulierungen auf Plakaten oder Karteikarten, Stichworte und Einsichten haben sich angesammelt. Einiges davon will »zum Taufgedächtnis« erinnert werden, für die Gestaltung eines weiteren Altarflügels und auch schon zur Vorbereitung auf den Taufgottesdienst.

MIT KONFIRMANDINNEN UND KONFIRMANDEN | 31

Drei Vorbereitungen

1. Einige Arbeitsergebnisse zusammenstellen (30 Minuten)

- Die Altartafel Piero della Francescas mit den ausgefüllten »Informationen für Kunstexperten« (**M 9**) und die gemalten Bilder zu den biblischen Geschichten vom Wasser (evtl. mit den dazugehörigen Texten) an einer freien Wand (oder über den Unterrichtsraum verteilt) provisorisch mit Klebeband anbringen:

| Die zu den biblischen Geschichten vom Wasser gemalten Bilder mit den dazugehörigen Texten. | Die Altartafel Piero della Francescas | Die ausgefüllten Informationen für Kunstexperten ↓ |

- Drei im Unterricht entstandene Textplakate dazuhängen:

Plakat	Aus der Unterrichtsstunde	In diesem Heft
1. Die Taufe geschieht mit Wasser, weil …	Das Wasser des Lebens	S. 16, Pkt. 5
2. Was Gott durch das Wasser tut	Die Wasser Gottes	S. 19, Pkt. 1
3. In der Taufe wird mein Name genannt, weil …	In den Himmel geschrieben	S. 29, Pkt. 3

- Das könnte zusammen etwas so aussehen:

Die Taufe geschieht mit Wasser, weil …

Was Gott durch das Wasser tut.

In der Taufe wird mein Name genannt, weil …

Leeres Plakat für Notizen und die Figuren, die in dieser Stunde entstehen

Steht nicht genug Platz zur Verfügung, um alles nebeneinander zu präsentieren, Plakate, Bilder und die Altartafel Piero della Francescas über den Raum verteilen. Lediglich rechts neben der Altartafel Pieros muß für die Gestaltung eines weiteren Altarflügels etwas Platz bleiben.

▼

32 | Zur Taufe kommen

▼ **2. Die endgültige Größe des Tryptichons festlegen (5 Min.)**
Die Zusammenstellung der Arbeitsergebnisse gibt einen optischen Eindruck des Gesamtwerkes. Bei Benutzung des Plakates sind die Proportionen festgelegt. Wird die Altartafel Pieros über die Folie projiziert, sind die Proportionen variabel. Vielleicht ist der Gesamteindruck günstiger, wenn die Projektion etwas kleiner oder größer ausfällt.

3. Zwei Demonstrationsfiguren anfertigen (10 Min.)
Die Gestaltung des noch ausstehenden Altarflügels sind die Figurenbögen **M 12** beigegeben. Der große Bogen ist eine Vorlage zum Durchpausen verschiedener Figuren von bis zu 75 cm Höhe. Dafür ist eine Projektionshöhe der Folie von ca. 2,60 m zugrunde gelegt. Der kleine Bogen ist eine Kopiervorlage. Er bietet die gleiche Figurenauswahl für die Verwendung des Plakates.

Die Gestaltungsidee für den 2. Altarflügel läßt sich am einfachsten mit einem optischen Impuls erläutern. Dazu aus dem großen oder dem kleinen Figurenbogen **M 12** eine Figur auswählen, die große Figur durchpausen (Papier mit durchsichtigem Klebeband zusammenkleben), für die kleinere Figur die Kopiervorlage auf DIN A3 vergrößern und Figur ausschneiden; abschließend jede Figur individuell gestalten (z.B. mit farbigen Ölkreiden).

Tip: Durch Figuren unterschiedlicher Größe bekommt das Bild Tiefenwirkung, die größeren stehen im Vordergrund, die anderen je weiter im Hintergrund, je kleiner sie sind. Kleineren Figurenbogen kopieren, Figuren einzeln ausschneiden und solange vergrößern (evtl. in 2-3 Teilen) bis die gewünschte Größe erreicht ist. Teurer, aber weniger aufwendig ist es, den größeren Figurenbogen in einem Copyshop etwas vergrößern und/oder verkleinern zu lassen.

Material
- **M 11** »Meine Taufe« für jedes Gruppenmitglied ein Exemplar kopieren.
- Figurenbögen **M 12**.
- Bleistifte, Radiergummis, weißes Papier in der Größe DIN A4 und/oder DIN A3.
- Glasklares Klebeband und eine Rolle anderes Klebeband.
- Filzstifte unterschiedlicher Stärke und/oder Wachsmalstifte/Wachsmalblöcke.
- Eine Demonstrationsfigur.
- Evtl. **M 13** für Einladungen zum Taufgottesdienst.

Verlauf

1. Besichtigung der bisherigen Arbeitsergebnisse
- Die Konfirmandinnen und Konfirmanden versammeln sich vor der Tür. Nach 2-3 einleitenden Sätzen evtl. ein Lied singen und den Raum gemeinsam betreten.
- Spontane Besichtigung: Umhergehen, Nachfragen beantworten; ggf. ein kurzes »Erinnerungsgespräch« anleiten.
- Gezielte Besichtigung: Konfirmandinnen und Konfirmanden betrachten Plakate und Bilder unter Anleitung des Arbeitsbogens »Meine Taufe« (**M 11**).
- Der Reihe nach jeweils eine Formulierung zur Taufe von **M 11** vorlesen lassen.
- Alle an das Projekt »Tryptichon zur Taufe« und den noch fehlenden Altarflügel erinnern und Ideen zur Gestaltung erfragen. Nachstehenden Gestaltungsvorschlag nach den Anregungen der Konfirmandinnen und Konfirmanden verändern.

2. Eine Figur für den Taufaltar
- Gestaltungsidee mit den Demonstrationsfiguren erläutern. Jede Konfirmandin und jeder Konfirmand schneidet eine Figur aus Papier aus, schreibt den Namen hinein und einen Satz aus der vorangegangenen Arbeit zur Taufe.
- Einfachstes Arbeitsverfahren:
  - Beide Demonstrationsfiguren rechts neben dem Altarbild Pieros anbringen und damit auf Proportionen und Tiefenwirkung hinweisen.
  - Schnittmusterbogen **M 12** ausbreiten und die der Größe nach in Frage kommenden Figuren kennzeichnen.
  - Konfirmandinnen und Konfirmanden wählen eine Figur aus, kleben A3- oder A4-Papier mit durchsichtigem Klebeband in der entsprechenden Größe zusammen und pausen nacheinander die gewählte Figur ab.[1]
  - Zum Schluß Umrißlinie dick nachziehen (Filzer, Wachsstifte) und Figur ausschneiden.
  - Wurde für das Malen der Bilder zu den biblischen Geschichten vom Wasser eine Malberatung (s.S. 21f.) gefunden, kann sie vielleicht auch für diese Stunde angesprochen werden.
- Wer seine Figur fertig hat,
  - schreibt mit einem dicken Filzstift oder mit einer dicken Ölkreide seinen Namen auf die Figur;
  - außerdem einen Satz, der auf dem Arbeitsbogen »Meine Taufe« (**M 11**) formuliert wurde.
  Wurde der Arbeitsbogen **M 11** nicht benutzt (Kurzfassungen), können Konfirmandinnen und Konfirmanden ▼

---
[1] Durch verschiedene zur Wahl stehenden Figurengrößen haben die Konfirmandinnen und Konfirmanden auch die Möglichkeit, Distanz und Nähe zum Taufgeschehen auszudrücken. Darauf wird in der noch folgenden Stunde zur Vorbereitung des Taufgottesdienstes noch einmal eingegangen.

z.B. neben ihren Namen einen Satz von dem Plakat »In der Taufe wird mein Name genannt, weil ...« aus der vorangegangenen Stunde auf ihre Figur schreiben.

Varianten und Spielmöglichkeiten
- Für die Figur Packpapier, Zeitungspapier, Tonpapier usw. verwenden; evtl. Papierwahl den Konfirmandinnen und Konfirmanden überlassen.
- Figur nicht ausschneiden, sondern ausreißen.
- Die vorgegebenen Figuren abändern: Nur soweit abpausen, wie die Figur gefällt (z.B. allein den Rumpf), den Rest selbst zeichnen, dafür, so weit es geht, »passende Teile« anderer Figuren (z.B. die Arme) abpausen und nur die Verbindungslinien selbst ziehen. Fertige Figur ggf. noch einmal auf ein sauberes Papier übertragen.
- Die Figur so ausmalen (Wachsmalstifte oder -blöcke), daß eine »Bekleidung« sichtbar wird.

→ *Arbeitsbogen M 11 einsammeln und für die folgende Stunde aufheben.*

3. Den Altarflügel zusammensetzen
- Alle sitzen im Halbkreis vor der Altartafel des Bildes Piero della Francescas.
- Ein Tauflied vom Liederblatt **M 15** singen.
- Die Konfirmandinnen und Konfirmanden befestigen nacheinander ihre Figur rechts neben dem jungen Mann, der auf dem Bild Pieros zur Taufe kommt. Sie sagen dabei ihren Namen und lesen den Text vor, den sie zu der Figur geschrieben haben.
- Gemeinsam die Proportionen prüfen und das Gesamtbild korrigieren; evtl. mehrere Möglichkeiten ausprobieren.
- Das Gesamtbild gemeinsam betrachten und Eindrücke dazu austauschen. Weiterführende Gesprächsanregungen:
  - Wer dieses Altarbild zum ersten Mal sieht ...
  - Sätze zur Taufe auf dem Bild, die mir gut gefallen (die ich nicht verstehe; die noch fehlen ...).
  - Wenn Piero della Francesca jetzt vor diesem Bild stünde ...
  - Wenn Johannes der Täufer (Wenn Jesus) auf diesem Bild reden könnte ...
  - Das Bild trägt ursprünglich den Titel »Taufe Christi«. Es könnte jetzt auch heißen ...
- Ansprechen, wer zum Taufgottesdienst besonders eingeladen werden soll und wie das am besten geschehen kann. Das Formular **M 13** bietet den ungefähren Umriß der Altartafel Pieros. Auf farbigem Papier abgezogen läßt es sich als »Briefbogen« für zwei bis drei persönliche Sätze verwenden.
- Ein Vaterunser beten und/oder ein weiteres Lied singen.

In Gottes Namen ...

In Gottes Namen ...

Anregungen zur Gestaltung des Taufgottesdienstes

Die Unterrichtsreihe zielt darauf, mit Konfirmandinnen und Konfirmanden einen Tauf- oder Tauferinnerungsgottesdienst zu feiern, der neben dem ersten Abendmahlsgang und der Konfirmation ein Höhepunkt der Konfirmandenzeit ist. Die konfirmandengemäße »Rekonstruktion« des Tryptichons auf der Grundlage des Bildes »Taufe Christi« soll diese Intention, so weit es eben geht, sicherstellen. Das entstandene Taufbild bestimmt Inhalt und Gliederung des Gottesdienstes, leitet Aktivität und Sprachfähigkeit der vor der Taufe stehenden und schon getauften Jugendlichen an und soll überhaupt die ganze »Atmosphäre« des Gottesdienstes prägen. In dieser letzten Stunde geht es jetzt darum, vor dem fertig aufgebauten Altarbild Gestalt und Organisation des Gottesdienstes zu überlegen.

Die nebenstehende → Checkliste soll dazu dienen, den Gottesdienst der aktuellen Konfirmandengruppe dem tatsächlichen Unterrichtsverlauf, der konkreten Gemeindesituation anzupassen. Bei manchen Fragen wird auch eine Rolle spielen, ob ehrenamtliche (und hauptamtliche) Mitarbeiterinnen und Mitarbeiter oder einfach »Helfer« da sind, die die Pfarrerin oder den Unterrichtenden bei den Vorbereitungen und im Gottesdienst unterstützen können.

Die näher ausgeführten → Gottesdienstvorschläge nehmen die Situationen »*Abendgottesdienst in der Woche*« und »*Hauptgottesdienst am Sonntag*« für eine Tauffeier mit Konfirmandinnen und Konfirmanden in den Blick. In einem dritten Punkt ist angedacht, wie die in zwei folgenden Kapiteln beschriebene Arbeit mit Erwachsenen zur Taufe in einem Gottesdienst zum Tragen kommen kann.

CHECKLISTE für einen Gottesdienstentwurf und zur Planung einer vorbereitenden Unterrichtsstunde

- Wie kann dieses neu gewordene, alte Bild der Gemeinde erläutert werden?

- Was kann und muß dazu aus den vergangenen Unterrichtsstunden eingebracht werden?

- Was muß noch einmal überarbeitet und neu formuliert werden?

- Welche weiteren Aktionsformen und Gestaltungselemente bieten sich an, und wie können sie realisiert werden?

- Was eignet sich für den Anfang des Gottesdienstes, was eher für den Abschluß?

- Wie soll die Taufe selbst gestaltet werden?

- Bieten sich Gottesdienstelemente an, die besser die »Noch-nicht-Getauften« übernehmen und andere, die eher den »Schon-Getauften« zufallen?

- Sollen Eltern/Großeltern/Geschwister/Paten der Konfirmandinnen und Konfirmanden, aber auch Älteste, Gemeindeglieder und »Gäste« in die Feier aktiv eingebunden werden? Wie kann dies zwanglos geschehen?

- Welche Teile müssen geübt werden, wie z.B. das laute Sprechen?

- Welche Lieder sollen gesungen und wie können sie begleitet werden? Wie können die »neueren Lieder« mit der Gemeinde eingeübt werden?

- Wer soll besonders eingeladen werden, und in welcher Form kann dies geschehen?

- Für welchen Zweck soll die Kollekte eingesammelt werden?

- Soll »nach dem Gottesdienst« noch etwas stattfinden?

- Welche dieser (und anderer) Fragen müssen im Vorfeld entschieden werden?

- Was kann auch mit Konfirmandinnen und Konfirmanden in der Unterrichtsstunde geklärt und bearbeitet werden?

1. Ein Taufgottesdienst für Konfirmandinnen und Konfirmanden an einem Abend

Der Abend kommt dem Lebensgefühl der meisten Jugendlichen stärker entgegen als die evangelische Standartzeit 10 Uhr an einem Sonntagmorgen. Der Termin unterstreicht, daß es sich um ein besonderes Ereignis handelt und der Gottesdienst einen eigenen Charakter haben wird. Die Eltern der noch nicht getauften Konfirmandinnen und Konfirmanden sind der Sorge enthoben, daß sie im Anschluß an den Gottesdienst eine Tauffeier für die Familie ausrichten müssen. Die liturgischen Wurzeln liegen in der Osternacht. Wer mag, und wenn es in den Rhythmus des gesamten Unterrichtsgeschehens paßt, kann auch mit Konfirmandinnen und Konfirmanden zu diesem Ursprung zurückkehren.

Das nachstehende Formular für einen Taufgottesdienst ist nicht in der Weise »fertig«, daß es einfach übernommen werden kann. Es bietet ein Gerüst für den Gottesdienstablauf und zur weiteren Konkretisierung jeweils einige Anregungen. Das muß gesichtet, abgewandelt, umgestellt, ergänzt oder ausgedünnt werden.

Verlauf des Gottesdienstes

Die Kirche ist nur schwach beleuchtet. Vielleicht liegt auch das Konfirmandentryptichon erst noch im Halbdunkel. Oder ist es besser, es zur Einstimmung von Anfang an zu beleuchten?

■ **Konfirmandinnen und Konfirmanden ziehen zusammen mit denen, die am Unterricht beteiligt waren, in die Kirche ein**
- Jede/Jeder kann eine Kerze in die Kirche tragen.
- Ist es eine Taufkerze, braucht sie bei denen, die jetzt getauft werden, noch nicht zu brennen. Sie wird dann erst mit der Taufe entzündet.
- In der Osternacht kann eine Osterkerze vorangetragen werden.
- Die Kerzen werden an einer geeigneten Stelle (Altar, Taufstein, ein bereitgestellter Tisch) abgestellt.

■ **Ein Lied wird angestimmt**
z.B. zum Thema »Licht« (Liederblatt **M 15** oder »Sende dein Licht und deine Wahrheit«, EG 172) oder ein »Lieblingslied« aus dem Unterricht.

■ **Begrüßung der Gemeinde und kurze Einleitung ins Thema**
Hier kann z.B. kurz
- etwas zur Situation und zum Kasus »Konfirmandentaufe« gesagt werden;
- eine Lernerfahrung des/der Unterrichtenden im Zusammenhang mit dem vorangegangenen Unterricht der Konfirmandinnen und Konfirmanden erzählt werden;
- das Tryptichon angesprochen werden, das im Unterricht entstanden ist und nun von Konfirmandinnen und Konfirmanden schrittweise erläutert werden soll.

■ **Verkündigung zur Taufe in drei Abschnitten**
1. **Das Taufwasser (Der linke Altarflügel)**
- Lag das Tryptichon bisher im Halbdunkel, wird es jetzt ganz oder teilweise beleuchtet.
- Konfirmandinnen und Konfirmanden können sagen, warum die Taufe mit Wasser geschieht, vielleicht dazu eine Spielszene vorführen, am Ende die Taufschale in die Kirche tragen.
- Die biblischen Geschichten vom Wasser können an Hand der Bilder kurz erzählt und/oder »erinnert« werden, vielleicht wird auch eine Geschichte aus der Bibel vorgelesen.
- Wurde im Unterricht ein »Wasserlied« gedichtet, kann es an dieser Stelle ganz oder in einzelnen Strophen zwischen den biblischen Geschichten vorgesungen werden. Die Gemeinde stimmt jeweils in den Refrain ein.
- Nach jeder biblischen Geschichte oder jeder Liedstrophe kann Wasser in die Taufschale gegossen werden. Besitzt die Gemeinde eine Kanne für das Tauf-

wasser, sollte sie dafür in Gebrauch genommen werden.

- **Orgelspiel oder Instrumentalmusik**
  - Können Konfirmandinnen und Konfirmanden, Eltern, Gemeindeglieder ein Instrument spielen und für ein einfaches Stück an dieser Stelle gewonnen werden?
  - Kann die Kirchenmusikerin oder der Kirchenmusiker sich an dieser Stelle mit einem besonderen Stück oder einer Idee zur musikalischen Gestaltung einbringen?
  - Gibt es kein Wasserlied aus dem Unterricht und wurde auch das vorgeschlagene nicht verwendet (**M 5**), an dieser Stelle statt Instrumentalmusik ein Lied singen.

2. **Die Altartafel Taufe Christi von Piero della Francesca**
   - Die Folie kann z.B. erst jetzt projiziert werden. Das Gesamtbild erfährt dadurch eine unerwartete und spannende Veränderung.
   - Zwei oder drei Konfirmandinnen/Konfirmanden können einige Aspekte des Bildes abwechselnd erläutern.
   - Die ausgefüllten »Informationen für Kunstexperten« **M 9** können auch die Grundlage für eine ganz kurze »Konfirmandenpredigt« zu dem Bild Pieros sein.
   - Die Altartafel Pieros kann zu einem kurzen Gespräch mit der Gemeinde über das Bild anregen.

Ein bekanntes Lied aus dem Gesangbuch singen
z.B. einige Strophen aus »Ich bin getauft auf deinen Namen« (EG 200) oder »Suchet zuerst Gottes Reich in dieser Welt« (EG 182).

3. **Konfirmandinnen und Konfirmanden kommen zur Taufe (Der rechte Altarflügel)**
   - Kurze Erläuterung der Figuren.
   - Konfirmandinnen und Konfirmanden, die schon getauft sind, stellen sich zum Taufbecken und sagen den Satz, der auch auf »ihrer« Figur im Altarbild zu lesen ist.
   - Sie sagen einen anderen Satz mit Bezug zur Taufe, etwa von dem Arbeitsbogen **M 11** »Meine Taufe«.
   - Die ungetauften Konfirmandinnen und Konfirmanden stellen sich neben den rechten Altarflügel, sagen ihren Namen und daß sie hier sind, um getauft zu werden.

- **Jetzt kann eine ganz kurze Taufpredigt gehalten werden**

- **Ein Tauflied singen**

- **Taufe**

Wenn es irgend geht, stellt sich die gesamte Gemeinde um den Taufstein.

Die Pfarrerin/der Pfarrer ruft jeden Täufling einzeln mit Namen zum Taufbecken.

Der Täufling sagt mit einem vorbereiteten Satz, warum sie/er getauft werden möchte.

Taufe durch dreimaliges Begießen mit Wasser.
- Die Pfarrerin/der Pfarrer kann den Taufritus abschließen mit dem Taufspruch und/oder mit einem Satz aus der Runde »In der Taufe wird mein Name genannt, weil ...«
- Kirchenälteste oder Eltern oder Paten ... können die noch nicht brennenden Taufkerzen (an der Osterkerze) entzünden und den eben Getauften überreichen. Dazu kann ein Bibelvers, ein freundliches Wort usw. gesagt werden.
- Es kann jetzt Gelegenheit sein zum allgemeinen Gratulieren, zum Umarmen durch Eltern, die beste Freundin, für ein persönliches Wort, für das Überreichen eines kleinen Geschenks usw. Es darf »Gedränge« geben, kurze Gespräche, Lachen usw.
- Diese Phase kann abgeschlossen werden z.B. durch den Halleluja-Refrain aus »*Suchet zuerst Gottes Reich in dieser Welt*« (EG 182), einen einfacher Kanon (z.B. auch »*Herr, bleibe bei uns*« EG 483), eine Melodie aus Taizé (z.B. »*Laudate omnes gentes*« EG 181.6) oder einen Liedvers, den möglichst viele auswendig können.

Alle fassen sich an den Händen und sprechen das Glaubensbekenntnis
- Evtl. wird immer ein Teil vorgesprochen, alle sprechen nach.
- Anschließend noch einmal die Melodie anstimmen, die vor dem Glaubensbekenntnis gesungen wurde.

Alle setzen sich wieder auf ihren Platz

- **Fürbitten**
  - Ganz kurze Bitten z.B. für die getauften Konfirmandinnen und Konfirmanden, für alle Anwesenden, für ein Ereignis, das viele beschäftigt ... Zwischen den Bitten vielleicht jeweils einen Kyrie-Ruf singen, z.B. EG 178.9; 178.11; 178.12.
  - Es kann sich auch anbieten, die Gemeinde weiter um das Taufbecken stehen zu lassen, hier die Fürbitte zu halten, das Vaterunser zu beten und den Gottesdienst mit dem Segen abzuschließen.

- **Vater unser**

- **Segen**

- **Eine fröhliche Musik zum Ausgang**

---

1 Aus der Unterrichtsstunde »In den Himmel geschrieben«. Wenn dazu ein Plakat existiert (s.S. 49), kann es vielleicht in der Kirche aufgehängt werden.

▼ **Eine diesen Gottesdienst vorbereitende Unterrichtsstunde könnte so aussehen ...**
→ In der Kirche treffen oder in dem Raum, in dem die Taufe stattfinden soll. Das Tryptichon ist fertig aufgebaut. Ein Lied singen, daß auch im Taufgottesdienst gesungen wird. Letzte Gestaltungsfragen klären und Verbesserungsvorschläge einarbeiten.
→ Geplanten Ablauf des Gottesdienstes vorstellen (Wandplakat). Verständnisfragen klären, offene Fragen diskutieren, Wünsche der Konfirmandinnen und Konfirmanden berücksichtigen.
→ Das Glaubensbekenntnis erinnern, soweit es im Unterricht schon behandelt worden ist.
3 Möglichkeiten, das Glaubensbekenntnis zu sprechen
- **Textzettel verteilen:** jede/jeder liest eine Zeile nacheinander in der Runde.
- **Gruppe in zwei Teile teilen:** Text so sprechen, daß die eine Hälfte gemeinsam die 1. Zeile spricht, die andere die zweite Zeile, die erste Hälfte die dritte Zeile usw.
- **Jeder/jeder unterstreicht »3 wichtige Worte«:** Worte nacheinander in der Runde vorlesen; der oder die Unterrichtende spricht dann langsam den ganzen Text, Konfirmandinnen und Konfirmanden jeweils nur ihr Wort, alle »wichtigen« Worte werden 1 Minute lang laut (leise, flüsternd) durcheinander gesprochen.
→ Klären, wer welche Aufgaben übernimmt, und dazu Arbeitsgruppen bilden, z.B.:

Gruppe zum Wasser
Soll eine Spielszene vorgeführt werden? Welche? Noch einmal proben. Was wird gesagt und wer tut es?

Gruppe zu den gemalten Bildern
Vorschlag zur Erläuterung im Gottesdienst:
- *Auf dem Bild ist zu sehen ...*
- *Das erinnert an die Geschichte von/mit ...*
- *Ein abschließender Satz, was Gott durch das Wasser tut.*
Soll eine der biblischen Geschichten ganz vorgelesen werden? Welche? Wer macht es? Wie soll das Taufwasser eingegossen werden?

Gruppe zur Altartafel »Taufe Christi« von Piero della Francesca
Jedes Gruppenmitglied wählt sich eine (bei kleinen Gruppen zwei) der ausgefüllten »Informationen für Kunstexperten« aus und überlegt, was zu dem betreffenden Aspekt des Bildes gesagt werden soll. Folgende Gliederung kann ein Gerüst sein:
- *An dieser Stelle ist zu sehen ...*
- *Das kann bedeuten ....*
- *Ich habe mich für folgende Deutung entschieden ... , weil ...*
- *Für die Taufe bedeutet das ...*
Soll eine Information zum Maler gegeben werden (»Zur Biographie Piero della Francescas« S. 25)? Wer will es im Gottesdienst tun?

▼ **Gruppe derjenigen, die getauft werden**
Jede Konfirmandin/jeder Konfirmand erhält den in der letzten Stunde ausgefüllten Arbeitsbogen »Meine Taufe« (**M 10**) und formuliert mit seiner Hilfe und Anleitung zwei Sätze, die sie/er am Taufbecken sprechen möchte.

Der 1. Satz nimmt die Ergebnisse des Arbeitsbogens auf, z.B.
Taufe geschieht mit Wasser, weil ... oder
In der Bibel wird vom Wasser erzählt, ... –
Gott wird deshalb auch mich ... oder
An dem alten Bild Piero della Francescas gefällt mir, ... –
Für meine Taufe bedeutet das: ... oder
Gott sagt zu mir in der Taufe: »Du bist mein(e) liebe(r) Tochter/Sohn.« Das bedeutet für mich; ... oder
In der Taufe wird mein Name genannt.
Das ist mir wichtig, weil ...

Der 2. Satz soll eine Meinung dazu zum Ausdruck bringen, z.B.
Das gefällt mir und ich will ich mich taufen lassen. oder
Deshalb freue ich mich, daß ich jetzt getauft werde. oder
Darüber muß ich noch weiter nachdenken,
will mich aber jetzt taufen lassen. oder
Das kann ich kaum glauben. Vielleicht hilft es
mir weiter, wenn ich jetzt getauft werde. oder auch
Ich möchte mit der Taufe aber noch warten,
weil ich darüber weiter nachdenken muß.[2]

→ Nach Beendigung der Gruppenarbeit die Konfirmandinnen und Konfirmanden in der Kirche ihre Passagen laut lesen oder sagen lassen, noch ausstehende Lieder singen, Aufgaben verteilen, die noch nicht berücksichtigt wurden (z.B. Kollekte).

Kurzfassungen
→ **Wenn der Taufunterricht 5 Unterrichtsstunden à 60 Minuten umfaßte ...**
Gottesdienstverlauf stärker vorstrukturieren, nur die Arbeitsgruppe zu den gemalten Bildern wie beschrieben durchführen, andere Beiträge der Konfirmandinnen und Konfirmanden aus schon vorhandene Arbeitsergebnissen selbst für den Gottesdienst vorbereiten.
Die vorgeschlagene Gruppenarbeit für diejenigen, die getauft werden sollen, nach der Unterrichtsstunde in einem persönlichen Rahmen durchführen.
→ **Wenn der Taufunterricht 3 Unterrichtsstunden a 90 Minuten umfaßte ...**
entfällt zusätzlich die Arbeitsgruppe zum Wasser.

---

2 Dieses Angebot soll den Konfirmandinnen und Konfirmanden helfen, dem Druck der Situation auch zu widerstehen und sich im Moment auch gegen die Taufe auszusprechen. In diesem Fall muß dann geklärt werden, was das für den Gottesdienst bedeutet, ob die Entscheidung gegen die Taufe von der Konfirmandin/dem Konfirmanden selbst gesagt werden soll, oder ob das die oder der Unterrichtende übernimmt ...

2. Taufe der Konfirmandinnen und Konfirmanden im Hauptgottesdienst am Sonntag

Mit dieser Form wird die Bedeutung des sonntäglichen Gottesdienstes betont und die Gemeinde besonders berücksichtigt, die sich dort regelmäßig versammelt.

Im Gottesdienst tritt eine durch Konfirmandinnen und Konfirmanden angeleitete Betrachtung des dreiflügeligen Altarbildes an die Stelle der Lesungen.

Liturgievorschlag

→ Gemeindeübliche Ordnung bis zum Kollektengebet

■ **Ein Lied aus dem Unterricht mit der Gemeinde singen.**

■ **Konfirmandinnen und Konfirmanden erläutern an Hand des linken Altarflügels »Die Wasser der Taufe«**
Anregungen dazu im ausführlichen Formular oben.

■ **Ein Lied singen**
z.B. das »Wasserlied« aus dem Unterricht oder »Suchet zuerst Gottes Reich in dieser Welt« (EG 182).

■ **Predigt über das Altarbild Piero della Francescas**
und wie es durch Konfirmandinnen und Konfirmanden in die Gegenwart hineinreicht.

■ **Ein zur Predigt passendes Lied**

■ **Konfirmandinnen und Konfirmanden kommen zur Taufe (Der rechte Altarflügel)**
Wie oben ausführlich beschrieben.

■ **Taufe**
Aus den obenstehenden Anregungen werden die Elemente entnommen, die in den Rahmen passen. Zum Schluß gemeinsam das Glaubensbekenntnis sprechen.

■ **Ein Tauflied,**
in dem das gemeinsame Getauftsein bezeugt wird, z.B. »Ich bin getauft auf deinen Namen« EG 200, 1.4-6.

→ Weiter in der üblichen Ordnung

Zur Vorbereitung dieses Gottesdienstes den oben skizzierten Stundenverlauf sinngemäß verwenden.

3. Wenn die Eltern und Gemeindeglieder stärker in die Vorbereitung und Durchführung des Taufgottesdienstes einbezogen werden sollen ...

kann ein »Gemeindeabend zur Taufe« angeboten werden. Das ist mit dem entsprechenden Material für die Arbeit mit Erwachsenen auf den Seiten 38ff. in diesem Heft beschrieben. Es kann naheliegen, daß in einem Tauf- oder Tauferinnerungsgottesdienst die Erwachsenen das Taufbild Pieros erläutern, während die Konfirmandinnen und Konfirmanden andere Ergebnisse aus dem Unterricht zur Taufe einbringen.

Diese Gestaltungsidee ist nicht notwendig mit der Erstellung eines gesamten Tryptichons verbunden. Im vorangehenden Unterricht können Elemente aus bewährter Erfahrung benutzt werden, natürlich auch einzelne Bausteine aus der in diesem Heft vorgestellten Unterrichtsreihe.

»Was Gott selbst Taufe nennet ...«

»Was Gott selbst Taufe nennet ...« (EG 202,2)

GEMEINDEVERANSTALTUNG MIT ERWACHSENEN

Ein Nachmittag oder Abend, um »sich Bildern und mit Worten« (EG 202,3) der Taufe Christi und der eigenen Taufe zu nähern

Die Altartafel »Taufe Christi« ist vielfältig und rätselhaft genug, um Erwachsenen und selbst in der Theologie nicht ganz unerfahrenen Gemeindegliedern eine spannende Auseinandersetzung mit dem Thema »Taufe« zu versprechen.

Gruppengröße

Der folgende Vorschlag geht davon aus, daß sich wenigstens eine Gruppe von 8-10 Interessierten zusammenfindet. Das können Konfirmandeneltern, Gemeindeglieder, Kirchenälteste und auch Erwachsene sein, die sich taufen lassen wollen oder gebeten worden sind, für ein Kind als Patin/Pate zur Verfügung zu stehen. Vielleicht können sich auch mehrere Gemeinden verabreden, einen gemeinsamen Nachmittag oder Abend zum Taufthema zu gestalten. Das Verfahren verträgt auch Gruppen von 25-30 Personen.

Zeitrahmen

Bei kleineren Gruppen ca. 2 Stunden, bei mehr als 15 Teilnehmern besser 3 Stunden. Mit wenigen Teilnehmenden läßt sich also gut ein Abendtermin realisieren. Sind (z.B. bei einer gemeinsamen Veranstaltung) von vorneherein mehr Anmeldungen zu erwarten, ist es günstiger, einen Nachmittag am Wochenende anzusetzen.

Material

- Plakat **M 16** »Taufe Christi« oder Folie **M 8** und OH-Projektor.
- Farbkopien der Folie **M 8** oder Exemplare des Unterrichtsbuches »Denk mal nach ...« nach Anzahl der geplanten Arbeitsgruppen.
- Die Predigt Johannes des Täufers: **M 7** mehrmals kopiert und so auseinandergeschnitten, daß jede/jeder ein Textkärtchen erhält. Es schadet nichts, wenn ein Text zwei- oder dreimal vorkommt.
- Karteikarten und Bleistifte.
- **M 14** »Gesprächsanleitungen über einen Bildausschnitt«. Nach Zahl der erwarteten Teilnehmenden aus den Bögen 1-8 so auswählen, daß mehrere kleine Gruppen gebildet werden können. Für jede Kleingruppe die entsprechende Anzahl kopieren.
- Bibeln, in denen die auf den Gesprächsbögen angegebenen Bibelstellen markiert sind, z.B. mit eingelegten Zetteln.
- Erfrischungen.

Verlauf

1. Anfangen
- Stühle im Halbkreis vor eine Projektionsfläche stellen, bzw. vor die Stelle, an die das Plakat angebracht werden soll.
- Begrüßung.
- Vielleicht vom Liederblatt **M 15** ein neues Lied anstimmen. Die 1. Strophe lernen und gemeinsam singen.
- Einführung in den Nachmittag oder Abend, d.h. kurz erläutern, was an vorbereitetem »Programm« auf die Teilnehmenden zukommt und wie der zeitliche Ablauf gedacht ist.
- Das ausgewählte Lied ganz singen.

2. Die biblische Geschichte kennenlernen

- An jeden Teilnehmenden die vorbereiteten Textkärtchen aus M 7 verteilen.

  »Wir werden jetzt gemeinsam einige Abschnitte aus der Bibel lesen, aus denen wir erfahren können, wie es zuging, als Jesus selbst getauft wurde. Ich werde beginnen, sie werden an einer bestimmten Stelle etwas zu der Geschichte beitragen. Dazu haben sie eine Textkarte erhalten. Darauf stehen 2-3 Sätze aus der Predigt Johannes des Täufers. Das ist sozusagen ihr Teil. Ich werde sie bitten, aufzustehen und ihren Text so vorzutragen, wie ihn Johannes ihrer Meinung nach gesagt haben könnte. Wenn das alle getan haben, lese ich vor, wie die Geschichte weitergeht. Haben sie verstanden, wie ich es meine?«

- Etwas Zeit zum Lesen der Textkarten geben, dann mit der Lesung Lk 3,1-7a beginnen. Zur Täuferpredigt die Gruppe auffordern, anschließend mit der Lesung der Verse Lk 3, 15-18 und Lk 3, 21-22 fortfahren.

- Kurzer Austausch über die Eindrücke, die beim Hören und Vortragen der biblischen Geschichte entstanden sind.

3. Erste Betrachtung des Altarbildes »Taufe Christi«

- Karteikarten und Bleistifte austeilen, die Altartafel »Taufe Christi« projizieren oder das Plakat anbringen. Erste Reaktionen abwarten und dann eine stille Betrachtung anleiten:

  »Ich möchte sie zu einer ersten Kontaktaufnahme mit dem Bild einladen. Dazu werde ich ihnen jetzt einige kurze Anregungen zur Betrachtung geben. Sie können auf der Karteikarte aufschreiben, was ihnen dazu alles einfällt. Das Verfahren soll dazu helfen, die Gedanken zu ordnen. Es wird kein »Wissen abgefragt«. Sie müssen nachher auch nichts von dem vorlesen, was sie sich aufgeschrieben haben.«

  Nach jeder Frage eine knappe Minute Zeit geben zum Nachdenken und zum Notieren der Gedanken.

  - *Halten Sie fest, was Ihnen an diesem Bild am meisten auffällt.*
  - *Denken Sie darüber nach, warum das so ist, und betrachten Sie dabei das Bild genauer.*
  - *Was erkennen Sie wieder aus der biblischen Geschichte, die wir uns vorgetragen haben?*
  - *Was ist anders als in der biblischen Geschichte?*
  - *Welche Frage hätten Sie gerne von dem Maler beantwortet?*
  - *Wo würden Sie es gerne aufhängen und warum?*

- Aus diesem Katalog einen oder zwei Punkte herausgreifen und mit der Gruppe erörtern.

4. Einen Bildaspekt näher kennenlernen und deuten

- Dazu eine Gruppenarbeit anleiten: Motive vorstellen, Gruppengröße bekanntgeben, Teilnehmende wählen lassen, Raumfrage klären (Was steht außer diesem Raum noch zur Verfügung?), eine Zeit vereinbaren (30 Minuten), ausgewählte und kopierte Gesprächsbögen **M 14**, Farbkopien der Folie **M 8** (oder Unterrichtsbücher »Denk mal nach ...«) und Bibeln verteilen.

- Soll das Altarbild in einem Taufgottesdienst für Konfirmandinnen und Konfirmanden von den Erwachsenen erläutert werden, Anleitung der Gruppenarbeit entsprechend modifizieren. So kann z.B. angeregt werden, die Vorstellung der Gesprächsergebnisse schon »wie im Gottesdienst« zu gestalten.

5. Pause

- Eine kleine Erfrischung bereitstellen.

6. Vorstellen der Arbeitsergebnisse

- Hat das Singen am Anfang Freude gemacht, mit einem weiteren Lied die 2. Phase des Nachmittags oder Abends einleiten.

- Die Gruppen stellen ihre Arbeitsergebnisse vor. Darauf achten, daß die vorstellende Gruppe immer zunächst sagt, mit welchem Bildausschnitt sie sich beschäftigt hat, dazu das entsprechende Motiv auf dem Bild zeigt und evtl. auf Einzelheiten hinweist, die zu sehen sind. Alles weitere folgt erst dann.

  Die Gesprächsleiterin oder der Gesprächsleiter strukturiert die entstehende Diskussion an Hand der Impulse auf den Gesprächsbögen und mit Blick auf die noch zur Verfügung stehende Zeit.

- Dient dieser Abend auch der oben angesprochenen Gottesdienstvorbereitung, muß das Gesprächsergebnis anschließend evtl. noch einmal geordnet und mit Blick auf den Verwendungszweck formuliert werden. Absprechen, wer welche Aufgaben übernimmt.

- Gegen Ende Raum für Fragen geben, die im Rahmen der Gespräche vergessen wurden oder nicht gestellt werden konnten.

7. Abschluß

- In einer Schlußrunde kann mitgeteilt werden, was für einen selbst heute abend neu, interessant, wichtig, fremd, »aus einer anderen Zeit«, glaubhaft oder nicht zu verstehen war. In diesem Rahmen kann auch Gelegenheit gegeben werden, sich zum Ablauf des Abends zu äußern.

Ideen für ein »Taufseminar«

Wenn Kooperation mit anderen Gemeinden gesucht wird, ...

Wenn Erwachsene getauft werden wollen und sich dies vielleicht trifft mit anderen, die wegen eines erbetenen Patenamtes wieder Kontakt zur Kirche suchen, ...

Wenn die Elternarbeit zum Konfirmandenunterricht intensiviert werden soll ...

Wenn ein Gesprächsreihe für Erwachsene zu einem theologischen Thema stattfinden soll, ...

kann mit dem Unterrichtsvorschlägen dieses Heftes und weiterem Material aus dem Unterrichtsbuch »Denk mal nach ...« eine Reihe von Bausteinen für ein »Gemeindeseminar zur Taufe« zusammengetragen werden.

Eine Bibelarbeit zum Wasser in der Bibel

- Einleitung mit einer Erzählrunde zum Wasser
- Wird die Unterrichtsreihe zur Taufe gleichzeitig im Konfirmandenunterricht durchgeführt, lassen sich für die Weiterarbeit die selbstgemalten Konfirmandenbilder verwenden.
- Reizvoll ist es auch, eine der biblischen Wassergeschichten auszuwählen und vorzulesen, die Teilnehmenden dann ein Blatt Papier in vier Felder einteilen zu lassen, um die wichtigsten Momente in drei (!) Strichzeichnungen festzuhalten. Dazu die Geschichte ein weiteres Mal vorlesen. Nach einer auswertenden Vorstellungs- und Gesprächsrunde in dem vierten Feld eintragen, was diese Geschichte für die Taufe bedeuten könnte. Vorstellen und diskutieren.

Eine bewegte Bibelarbeit zu der Geschichte von der Taufe Jesu
- Dazu nach Kenntnis der Situation und der Gruppe aus dem Unterrichtsvorschlag »Die Taufe Jesu« (S. 20ff.) geeignete Elemente auswählen. Darauf achten, daß die Gruppe nicht überfordert wird.

Ein altes Bild betrachten, auf der die Taufe Christi dargestellt ist
- Einen Nachmittag oder Abend nach dem Vorschlag »Was Gott selbst Taufe nennet ...« (S. 38ff.) wie beschrieben durchführen.

Unser Name und der Name, den Gott gibt
- Einige Schreibübungen, wie sie auf S. 28f. beschrieben sind, durchführen und auswerten.
- Erzählrunde, wie man selbst zu seinem Namen gekommen ist und/oder wie die eigenen Kinder ihren Namen erhalten haben.
- Einen Bibeltext (z.B. Mt 3, 13-17 oder Lk 10,20b) in das Gespräch einbeziehen.

Einen Text erörtern
- Einen Text aus dem Unterrichtsbuch lesen und diskutieren: »Was man so einen Christen nennt« (»Denk mal nach ...«, S. 192) oder »Gedanken von Eltern bei der Taufe ihres Kindes« (»Denk mal nach ...«, S. 193) oder »Was und am Leben hält« (S. 191).
- Zu den 5 Leitfragen der katechetischen Erklärungen (»Denk mal nach ...«, S. 186-187) in Partner- oder Gruppenarbeit einen kurzen Text verfassen (höchstens 3 Sätze). Ergebnisse vorstellen und zu den Formulierungen des Unterrichtsbuches wie den Erklärungen Luthers (»Denk mal nach ...«, S. 184-185) in Beziehung setzen.

Mit Konfirmandinnen und Konfirmanden lernen
- Das fertiggestellte »Tryptichon« aus dem Konfirmandenunterricht betrachten und dazu Eindrücke austauschen.
- Die auf S. 31 genannten drei Unterrichtsplakate mit Gesprächsergebnissen lesen und erörtern; in diesem Rahmen vielleicht eigene Aussagen versuchen.
- Überlegen, was die Gruppe der Erwachsenen zur Gestaltung des Taufgottesdienstes der Konfirmandinnen und Konfirmanden beitragen kann.
- Zusammentragen, welche Form ein eigener Taufgottesdienst haben könnte.

42 | Arbeitsmaterialien | Spielszenen | M1 | Die Taufe

Überlegt euch bitte zu der nachstehenden Beschreibung eine stumme Spielszene.

Ein Feuer brennt. Es ist zunächst klein, wird aber größer und größer. Schließlich kommt jemand, der das Feuer löscht.

Sammelt dazu einige Ideen und spielt sie euch vor. Entscheidet, was ihr verwenden wollt und was nicht. Spielt dann die gesamte Szene zwei- oder dreimal durch und verbessert sie.
Nachher werdet ihr eure Szene vorspielen und könnt ansehen, was sich die anderen überlegt haben.

Überlegt euch bitte zu der nachstehenden Beschreibung eine stumme Spielszene.

Eine Pflanze. Es regnet. Wie reagiert die Pflanze? Jetzt ist es lange Zeit trocken. Was passiert jetzt? Dann kommt jemand und gießt die Pflanze.

Sammelt dazu einige Ideen und spielt sie euch vor. Entscheidet, was ihr verwenden wollt und was nicht. Spielt dann die gesamte Szene zwei- oder dreimal durch und verbessert sie.
Nachher werdet ihr eure Szene vorspielen und könnt ansehen, was sich die anderen überlegt haben.

Überlegt euch bitte zu der nachstehenden Beschreibung eine stumme Spielszene.

Der Kreislauf des Wassers: Quelle – Bach – Fluß – See oder Meer – Verdunstung – Wolken – Regen – Quelle.

Sammelt dazu einige Ideen und spielt sie euch vor. Entscheidet, was ihr verwenden wollt und was nicht. Spielt dann die gesamte Szene zwei- oder dreimal durch und verbessert sie.
Nachher werdet ihr eure Szene vorspielen und könnt ansehen, was sich die anderen überlegt haben.

Überlegt euch bitte zu der nachstehenden Beschreibung eine stumme Spielszene.

Ein Wasserrad. Wasser setzt es in Bewegung. Das Rad treibt eine Maschine an, die irgend etwas tut.

Sammelt dazu einige Ideen und spielt sie euch vor. Entscheidet, was ihr verwenden wollt und was nicht. Spielt dann die gesamte Szene zwei- oder dreimal durch und verbessert sie.
Nachher werdet ihr eure Szene vorspielen und könnt ansehen, was sich die anderen überlegt haben.

Überlegt euch bitte zu der nachstehenden Beschreibung eine stumme Spielszene.

Ein Schiff auf dem Meer. Ein Sturm kommt. Die Wellen werden größer. Sie überschütten das Schiff. Es kommt vom Kurs ab. Hat Schlagseite. Was passiert jetzt?

Sammelt dazu einige Ideen und spielt sie euch vor. Entscheidet, was ihr verwenden wollt und was nicht. Spielt dann die gesamte Szene zwei- oder dreimal durch und verbessert sie.
Nachher werdet ihr eure Szene vorspielen und könnt ansehen, was sich die anderen überlegt haben.

Überlegt euch bitte zu der nachstehenden Beschreibung eine stumme Spielszene.

**Wasser gräbt eine Schlucht ins Gestein.
oder
Wasser schleift einen Stein rund.
oder
Wasser spült Dreck hinweg.**

Sammelt dazu einige Ideen und spielt sie euch vor. Entscheidet, was ihr verwenden wollt und was nicht. Spielt dann die gesamte Szene zwei- oder dreimal durch und verbessert sie.
Nachher werdet ihr eure Szene vorspielen und könnt ansehen, was sich die anderen überlegt haben.

Aus dem kopierten Bogen Aufgaben ausschneiden und nach Größe der Gruppe auswählen.

Die Entstehung der Welt

Lange bevor die ersten Märchen und Legenden entstanden, herrschte auf der Mutter Erde der große Schlaf. Die Erde war, wie von einer schwarzen Wolke überflutet, in tiefe Finsternis getaucht, und kein Laut unterbrach die erhabene Stille.

Wäre die weiße Wolke nicht gewesen, hätte die Erde vielleicht bis in alle Ewigkeit so weitergeschlafen. Aber da schlug eines Tages die weiße Wolke wie durch einen Zufall die Augen auf, und weil sie nichts als Finsternis sah, erhob sie sich von ihrem Sitz im Norden und wanderte, sich behutsam vorwärts tastend, gegen Osten.

Ach, aber da kam sie schön an! Auf der Ostseite hatte nämlich eine schreckliche schwarze Wolke ihren Sitz. Es war die Hüterin des Großen Schlafes, die als einzige in der stockschwarzen Finsternis sehen konnte und sofort zur Stelle war, wenn sich irgendwo etwas rührte. Kaum sah sie die weiße Wolke heranschweben, sträubte sie ihre Nebelfetzen wie eine Wildkatze ihr Fell und jagte der Unternehmungslustigen entgegen, um sie zu bestrafen.

Über dem Indianerland gerieten sie aneinander. Die schwarze stürzte sich auf ihre weiße Schwester und schlug unbarmherzig auf sie ein. Aber die weiße ließ sich nicht unterkriegen. Sie vergalt der Angreiferin Schlag um Schlag, und es gelang ihr sogar, sie etwas zurückzudrängen.

Manitu allein weiß, wie der Kampf schließlich ausgegangen wäre, hätte sich nicht etwas Seltsames, nie Dagewesenes gezeigt: Von den Ringenden troff der Schweiß, und wie die einzelnen Tropfen ineinanderflossen, strömte plötzlich ein heftiger Regenguß zur Erde. Und dieser Regen brachte dem Land der Indianer das Leben.

Die Entstehung der Welt, in: Indianermärchen, Hanau/M. 1976, S16-17 (gekürzt)

Biblische Geschichten vom Wasser

Die Schöpfung

Am Anfang schuf Gott Himmel und Erde. Und die Erde war wüst und leer, und es war finster auf der Tiefe; und der Geist Gottes schwebte auf dem Wasser.
Und Gott sprach: Es werde Licht! Und es ward Licht. Und Gott sah, daß das Licht gut war. Da schied Gott das Licht von der Finsternis und nannte das Licht Tag und die Finsternis Nacht. Da ward aus Abend und Morgen der erste Tag.
Und Gott sprach: Es werde eine Feste zwischen den Wassern, die da scheide zwischen den Wassern. Da machte Gott die Feste und schied das Wasser unter der Feste von dem Wasser über der Feste. Und es geschah so. Und Gott nannte die Feste Himmel. Da ward aus Abend und Morgen der zweite Tag.
Und Gott sprach: Es sammle sich das Wasser unter dem Himmel an besondere Orte, daß man das Trockene sehe. Und es geschah so. Und Gott nannte das Trockene Erde, und die Sammlung der Wasser nannte er Meer. Und Gott sah, daß es gut war.
Und Gott sprach: Es lasse die Erde aufgehen Gras und Kraut, das Samen bringe, und fruchtbare Bäume auf Erden, die ein jeder nach seiner Art Früchte tragen, in denen ihr Same ist. Und es geschah so. Und die Erde ließ aufgehen Gras und Kraut, das Samen bringt, ein jedes nach seiner Art, und Bäume, die da Früchte tragen, in denen ihr Same ist, ein jeder nach seiner Art. Und Gott sah, daß es gut war. Da ward aus Abend und Morgen der dritte Tag.
(1 Mose 1,1-13)

Die Sintflut

Noah war ein gerechter und untadeliger Mann unter seinen Zeitgenossen; er ging seinen Weg mit Gott. Die Erde war in Gottes Augen verdorben, sie war voller Gewalttat. Da sprach Gott zu Noah: »Ich sehe, das Ende aller Wesen von Fleisch ist da. Nun will ich sie zugleich mit der Erde verderben.
Mit dir aber schließe ich meinen Bund. Mache dir eine Arche (d.i. eine Art Boot) und gehe hinein mit deiner Frau und deinen Söhnen. Und von allem, was lebt, führe je zwei in die Arche, damit sie mit dir am Leben bleiben.«
Noah tat alles, was der Herr ihm aufgetragen hatte.
Da kam das Wasser der Flut über die Erde. Sie dauerte 40 Tage. Das Wasser schwoll an und stieg immer mehr auf der Erde, die Arche aber trieb auf dem Wasser dahin. Alles auf der Erde kam um.
Da gedachte Gott an Noah und alle Tiere und alles Vieh, das mit ihm in der Arche war, und das Wasser sank. Nach 40 Tagen öffnete Noah das Fenster an der Arche und ließ eine Taube hinaus, um zu sehen, wie weit das Wasser abgenommen hatte. Am Abend kam die Taube zurück und hatte einen frischen Olivenzweig im Schnabel. Jetzt wußte Noah, daß nur noch wenig Wasser auf der Erde stand.
Da sprach Gott zu Noah: »Komm heraus aus der Arche, du, deine Frau und deine Söhne und bring mit dir alle Tiere heraus. Sie sollen fruchtbar sein und sich auf der Erde vermehren.« So ging Noah heraus.
Und Noah baute dem Herrn einen Altar und brachte Brandopfer dar. Der Herr roch den beruhigenden Duft und sprach bei sich: Ich will künftig nicht mehr alles Lebendige vernichten, wie ich getan habe. Solange die Erde besteht, soll nicht aufhören Saat und Ernte, Frost und Hitze, Sommer und Winter, Tag und Nacht.
Dann segnete Gott Noah und sprach: »Hiermit schließe ich meinen Bund mit Euch und mit euren Nachkommen. Und das ist das Zeichen des Bundes. Meinen Bogen setze ich in die Wolken. Steht der Bogen in den Wolken, so will ich auf ihn sehen und des ewigen Bundes gedenken zwischen mir und allen lebendigen Wesen auf der Erde.«
(1 Mose 6,9-9,17, stark gekürzt)

Die Geburt des Mose

In Ägypten kam ein neuer König an die Macht. Er sagte zu seinem Volk: »Seht nur, das Volk der Israeliten ist größer und stärker als wir.« Daher gingen die Ägypter hart gegen die Israeliten vor und machten sie zu Sklaven. Sie machten ihnen das Leben schwer durch harte Arbeit mit Lehm und Ziegeln und durch alle möglichen Arbeiten auf den Feldern. So wurden die Israeliten zu harter Sklavenarbeit gezwungen. Und zu den hebräischen Hebammen – die eine hieß Schifra, die andere Pua – sagte der König von Ägypten: »Wenn ihr den Hebräerinnen Geburtshilfe leistet, dann achtet auf das Geschlecht der neugeborenen Kinder. Ist es ein Knabe, so laßt ihn sterben! Ist es ein Mädchen, dann kann es am Leben bleiben! Die Hebammen aber fürchteten Gott und taten nicht, was ihnen der König von Ägypten gesagt hatte, sondern ließen die Kinder am Leben.
In diesen Tagen heiratete ein Mann aus einer levitischen Familie eine Frau vom gleichen Stamm. Sie wurde schwanger, gebar einen Sohn und verbarg ihn aus Angst drei Monate lang. Als sie sah, daß das nicht mehr länger ging, machte sie

ein Körbchen aus Zweigen, dichtete es mit Pech und Teer ab, legte den Knaben hinein und setze ihn am Nilufer im Schilf aus. Seine Schwester blieb in der Nähe stehen, um zu sehen, was mit ihm geschehen würde.

Da kam die Tochter des Pharao, um im Nil zu baden. Auf einmal sah sie im Schilf das Körbchen und ließ es holen. Als sie hineinsah, lag ein weinendes Kind darin. Sie bekam Mitleid mit ihm, und sie sagte: »Das ist ein Hebräerkind.« Da sagte die Schwester des Knaben, die alles mitangesehen hatte, zur Tochter des Pharao: »Soll ich zu den Hebräerinnen gehen und dir eine Amme rufen, damit sie dir das Kind stillt?« Die Tochter des Pharao antwortete ihr: »Ja, geh!« Da ging das Mädchen und rief die Mutter des Knaben herbei. Die Tochter des Pharao sagte zu ihr: »Nimm das Kind und still es mir. Ich will dich dafür entlohnen.« Die Frau nahm das Kind zu sich und stillte es. Als der Knabe größer geworden war, brachte sie ihn der Tochter des Pharao. Diese nahm ihn als Sohn an, nannte ihn Mose und sagte: »Ich habe ihn aus dem Wasser gezogen.«
(2 Mose 1,8-2,10 i.A.)

Der Durchzug durch das rote Meer

Als der Pharao das Volk ziehen ließ, zog Gott vor ihnen her, bei Tag in einer Wolkensäule, um ihnen den Weg zu zeigen, bei Nacht in einer Feuersäule, um ihnen zu leuchten.
Der Herr sprach zu Mose: »Wenn der Pharao euch nachjagt, will ich an ihm und seiner ganzen Streitmacht meine Herrlichkeit erweisen, und die Ägypter sollen erkennen, daß ich der Herr bin.«
Der Pharao aber ließ seine Streitwagen anspannen und nahm seine Leute mit. Er jagte mit allen seinen Pferden und Streitwagen, mit seiner Reiterei und Streitmacht hinter den Israeliten her und holte sie ein, als sie gerade am Meer lagerten.
Da erschraken die Israeliten sehr und schrien zum Herrn.
Der Herr sprach zu Mose: »Was schreist du zu mir? Sag den Israeliten, sie sollen aufbrechen. Und du, heb deinen Stab hoch, streck deine Hand über das Meer, und spalte es, damit die Israeliten auf trockenem Boden in das Meer hineinziehen.«
Mose streckte seine Hand über das Meer aus und das Wasser spaltete sich. Die Israeliten zogen auf trockenem Boden in das Meer hinein, während rechts und links von ihnen das Wasser wie eine Mauer stand. Die Ägypter setzten ihnen nach. Alle Pferde des Pharao, seine Streitwagen und Reiter zogen hinter ihnen ins Meer hinein.

Darauf sprach der Herr zu Mose: »Streck deine Hand aus, damit das Wasser zurückflutet und die Ägypter, ihre Wagen und Reiter zudeckt.« Mose streckte seine Hand über das Meer, und das Wasser kehrte zurück, bedeckte Wagen und Reiter, die ganze Streitmacht des Pharao, die den Israeliten ins Meer nachgezogen war. Nicht ein einziger blieb übrig. Die Israeliten aber waren auf trockenem Boden mitten durch das Meer gezogen. So rettete der Herr an jenem Tag Israel aus der Hand der Ägypter, und Mirjam hat das in einem Lied besungen.
(2 Mose 13,17-15,20, stark gekürzt)

Das Haderwasser

Und die ganze Gemeinde der Israeliten zog aus der Wüste Sin weiter ihre Tagereisen, wie ihnen Gott befahl. Da hatte das Volk kein Wasser zu trinken.
Und sie haderten mit Mose und sprachen: »Gib uns Wasser, daß wir trinken.« Mose sprach zu ihnen: »Was hadert ihr mit mir? Warum versucht ihr Gott?«
Als aber dort das Volk nach Wasser dürstete, murrten sie wider Mose und sprachen: »Warum hast du uns aus Ägypten ziehen lassen, daß du uns, unsere Kinder und unser Vieh vor Durst sterben läßt?«
Mose rief zu Gott und sprach: »Was soll ich mit dem Volk tun? Es fehlt nicht viel, so werden sie mich noch steinigen.«
Da sprach Gott zu ihm: »Tritt hin vor das Volk und nimm einige von den Ältesten Israels mit dir und nimm deinen Stab in deine Hand, mit dem du den Nil schlugst. Siehe, ich will dort vor dir stehen auf dem Fels am Horeb. Da sollst du an den Fels schlagen, so wird Wasser herauslaufen, daß das Volk trinke.«
Und Mose tat so vor den Augen der Ältesten von Israel.
Da nannte er den Ort »Haderwasser«, weil die Israeliten dort mit Gott gehadert und gesagt hatten: Ist Gott unter uns oder nicht?
(2 Mose 17,1-7, gekürzt)

Die Heilung eines Kranken am Teich Betesda

In Jerusalem ist ein Teich, der heißt auf hebräisch Betesda. Von diesem Teich wird erzählt, daß derjenige gesund wird, der als erster hineinsteigt, wenn das Wasser (von einem Engel) bewegt wird. Am Teich sind fünf Hallen; in denen lagen viele Kranke, Blinde, Lahme, Ausgezehrte.
Es war dort auch ein Mensch, der lag achtunddreißig Jahre krank.

Als Jesus den liegen sah und vernahm, daß er schon so lange gelegen hatte, spricht er zu ihm: »Willst du gesund werden?« Der Kranke antwortete ihm: »Herr, ich habe keinen Menschen, der mich in den Teich bringt, wenn das Wasser sich bewegt; wenn ich aber hinkomme, so steigt ein anderer vor mir hinein.«

Jesus spricht zu ihm: »Steh auf, nimm dein Bett und geh hin!«

Und sogleich wurde der Mensch gesund und nahm sein Bett und ging hin.

(Joh 5,2-9, erläutert)

Die Stillung des Sturmes

Am Abend des Tages sprach Jesus zu seinen Jüngern: »Laßt uns über den See fahren.«

Als sie auf dem Wasser waren, erhob sich ein großer Windwirbel, und die Wellen schlugen in das Boot, so daß das Boot schon voll wurde.

Und Jesus war hinten im Boot und schlief auf einem Kissen. Und sie weckten ihn auf und sprachen zu ihm: »Meister, fragst du nichts danach, daß wir umkommen?«

Und er stand auf und bedrohte den Wind und sprach zu dem Meer: »Schweig und verstumme!« Und der Wind legte sich, und es entstand eine große Stille.

Und er sprach zu den Jüngern: »Was seid ihr so furchtsam? Habt ihr noch keinen Glauben?«

Sie aber fürchteten sich sehr und sprachen untereinander: »Wer ist der? Auch Wind und Meer sind ihm gehorsam!«

(Mk 4, 35-41, gekürzt)

Jesus und der sinkende Petrus auf dem See

Am Abend stieg Jesus allein auf einen Berg, um zu beten. Die Jünger aber waren in ein Boot gestiegen, um über den See zu fahren.

Und das Boot war schon weit vom Land entfernt und kam in Not durch die Wellen; denn der Wind stand ihm entgegen. Aber in der vierten Nachtwache kam Jesus zu ihnen und ging auf dem See.

Und als ihn die Jünger sahen auf dem See gehen, erschraken sie und riefen: Es ist ein Gespenst! und schrien vor Furcht. Aber sogleich redete Jesus mit ihnen und sprach: »Seid getrost, ich bin's; fürchtet euch nicht!«

Petrus aber antwortete ihm und sprach: »Herr, bist du es, so befiehl mir, zu dir zu kommen auf dem Wasser.«

Und er sprach: »Komm her!« Und Petrus stieg aus dem Boot und ging auf dem Wasser und kam auf Jesus zu.

Als er aber den starken Wind sah, erschrak er und begann zu sinken und schrie: »Herr, hilf mir!«

Jesus aber streckte sogleich die Hand aus und ergriff ihn und sprach zu ihm: »Du Kleingläubiger, warum hast du gezweifelt?«

Und sie traten in das Boot, und der Wind legte sich.

Die aber im Boot waren, fielen vor ihm nieder und sprachen: »Du bist wahrhaftig Gottes Sohn!«

(Mt 14,22-33)

Die Hochzeit zu Kana

In dem Ort Kana in Galiläa war eine Hochzeit, und die Mutter Jesu war da. Jesus und seine Jünger waren auch zur Hochzeit geladen.

Und als der Wein ausging, spricht die Mutter Jesu zu ihm: »Sie haben keinen Wein mehr.«

Jesus spricht zu ihr: »Was geht's dich an, Frau, was ich tue? Meine Stunde ist noch nicht gekommen.«

Seine Mutter spricht zu den Dienern: »Was er euch sagt, das tut.«

Es standen aber dort sechs steinerne Wasserkrüge für die Reinigung nach jüdischer Sitte, und in jeden gingen 120 Liter. Jesus spricht zu ihnen: »Füllt die Wasserkrüge mit Wasser!« Und sie füllten sie bis obenan.

Und er spricht zu ihnen: »Schöpft nun und bringt's dem Speisemeister!« Und sie brachten's ihm.

Als aber der Speisemeister den Wein kostete, der Wasser gewesen war, und nicht wußte, woher er kam – die Diener aber wußten's, die das Wasser geschöpft hatten –, ruft der Speisemeister den Bräutigam und spricht zu ihm: »Jedermann gibt zuerst den guten Wein und, wenn sie betrunken werden, den geringeren; du aber hast den guten Wein bis jetzt zurückbehalten.«

Das ist das erste Zeichen, das Jesus tat, geschehen in Kana in Galiläa, und er offenbarte seine Herrlichkeit. Und seine Jünger glaubten an ihn.

(Joh 2,1-11)

Das Wasserlied

nach: Für die Sonne wolln wir singen
Text: Rolf Krenzer, Melodie: Peter Janssens
alle Rechte im
Peter Janssens Musik Verlag, Telgte

1. Von der Taufe woll'n wir singen. Singt mit uns das Wasserlied. Wasser gibt uns Gott zum Segen, damit wir auf's neue Leben. Seht und hört von Gottes Taten, die die Wasser uns verraten. Darum singen wir, halleluja, darum singen wir halleluja, darum singen wir, halleluja, dir zum Dank das Wasserlied.

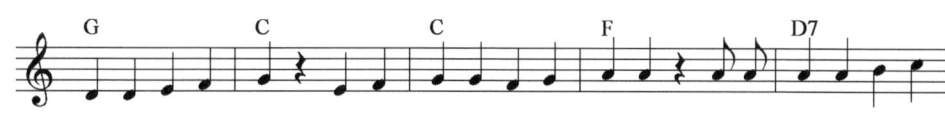

dreistimmig

Halleluja halleluja

Darum singen wir, halleluja, darum singen wir, halleluja, darum halleluja, halleluja.

singen wir, halleluja, dir zum Dank das Wasserlied.

Das Wasserlied

nach: Für die Sonne wolln wir singen
Text: Rolf Krenzer, Melodie: Peter Janssens
alle Rechte im Peter Janssens Musik Verlag, Telgte

Von der Schöpfung woll'n wir singen,
singt mit uns das Schöpfungslied.
Eine Ordnung für das Leben,
die hat Gott der Welt gegeben.
Er bestimmt alles Geschehen,
Licht und Leben und Vergehen.
Darum singen wir ...
dir zum Dank das Schöpfungslied.

Von der Sintflut woll'n wir singen,
singt mit uns das Rettungslied.
Gottes Zorn der brachte Regen,
Noah ließ er überleben.
Und von Gottes Hand gehalten,
wird das Leben so erhalten.
Darum singen wir ...
dir zum Dank das Rettungslied.

Der Königstochter woll'n wir singen,
ihr zum Lob und Dank ein Lied.
Mose, der nicht sollte leben,
holt sie aus dem Wasser eben,
zieht ihn auf vom Kind zum Mann,
damit Gottes Volk dann zieh'n kann.
Darum singen wir ...
ihr zum Dank ein Lebenslied.

Von dem Durchzug woll'n wir singen,
denn nach Israel ging's hin,
die Ägypter, die Mose folgten,
blieben in dem Meer dann drin;
denn die Wasser, die Gott teilte,
schwappten über ihnen zu.
Darum singen wir ...
dir zum Dank das Durchzugslied.

Von der Wüste woll'n wir singen,
singt mit uns das Wüstenlied.
Als wir gar kein Wasser hatten
in der Wüste ohne Schatten,
fragten wir, ob es Gott gibt.
Die Antwort ließ noch auf sich warten.
Darum singen wir ...
dir zum Dank das Wüstenlied.

Eine Stimme kam von oben:
Mose bleibe bitte cool!
Laß das Volk doch ruhig toben,
einmal werden sie dich loben.
Ich führ euch zu einem Pool.
Aus dem Felsen quillt das Wasser.
Darum singen wir ...
dir zum Dank das Wasserlied.

Für den Petrus woll'n wir singen,
singt mit uns das Petruslied.
Jesus geht auf dem Gewässer,
Petrus meint, er kann es besser.
Verläßt das Boot, beginnt zu sinken.
Jesus läßt ihn nicht ertrinken.
Darum singen wir ...
dir zum Dank das Petruslied.

Es war neulich auf dem Wasser
heulten alle Jünger sehr;
denn mit Sturm und Blitzen schlugen
große Wellen über's Boot her.
Donner krachte in den Ohren,
und sie gaben sich verloren.
Und sie jammerten: O weh und ach (3x),
und sie wollten Jesus wecken.

Jesus schlief auf einem Kissen,
hörte allen Jammer nicht,
bis er dann vom Schlaf erwachte,
allem Spuk ein Ende machte.
Und er will, daß wir davon singen,
und so soll es denn erklingen:
Darum singen wir ...
dir zum Dank das Wasserlied.

Jetzt woll'n wir noch weitersingen,
singt mit uns das Kana-Lied.
Wasser wird zu Wein verwandelt,
bis es was zum trinken gibt.
Als die Hochzeit fast zu Ende,
kommt der neue Wein behende.
Darum singen wir ...
dir zum Dank das Kana-Lied.

Für die Kranken woll'n wir singen,
singt mit uns das Heilungslied.
Manche hoffen bis ans Ende
ihrer Kräfte auf die Wende,
bis dann Jesus kommt und spricht:
WASSER TUT'S NICHT – ABER ICH!
Darum singen wir ...
dir zum Dank das Heilungslied.

Unter der Anleitung von jugendlichen
Mitarbeitern in der Konfirmandenarbeit
gedichtet von Konfirmandinnen und
Konfirmanden der Epiphanien-Kirchengemeinde in Berlin-Charlottenburg

Anleitung zum Dichten einer Liedstrophe

Lest bitte noch einmal eure Geschichte durch.
Seht euch das Wort an, das ihr euch zum Malen ausgesucht habt.
Vielleicht sind vorne an der Bilderwand noch weitere Stichworte dazu notiert.
Betrachtet noch einmal genau euer Bild.

Jetzt geht es an das Dichten. Keine Angst, die ersten zwei Zeilen sind einfach:
Was geschieht in der Geschichte und auf dem Bild, das ihr gemalt habt? Sucht dafür ein Wort mit 1-2 Silben und trage es in die erste Liedzeile ein.

Von dem/der   woll'n wir singen

Worum geht es in der Geschichte (z.B. um »Rettung«)? Wer oder was steht im Mittelpunkt der Geschichte (z.B. »Petrus« oder »Wasser«)? Wo spielt die Geschichte (z.B. in der »Wüste«)? Sucht ein Wort, das am besten paßt. Es soll zwei Silben haben und wird durch »-Lied« ergänzt (z.B. »Wasser-Lied«). Wenn Ihr euer Wort gefunden habt, tragt es in die nächste Liedzeile ein.

singt mit uns das   -Lied

Erzählt jetzt in vier kurzen Zeilen, was in der Geschichte geschieht und auf eurem Bild davon zu sehen ist. Jede Zeile soll ungefähr 8 Silben haben. Wenn es 1-2 Silben mehr sind, ist es auch nicht schlimm. Es wäre schön, wenn sich die ersten beiden Zeilen reimen. Das muß aber auch nicht sein.
Zur Orientierung im Silbengestrüpp steht über jeder der folgenden Zeilen der Text der Strophe, die ihr jetzt schon gut kennt.
Tip: Melodie beim Dichten immer wieder summen, dann geht es leichter.

Was	-	ser	gibt	uns	Gott	zum	Se	-	gen

da	-	mit	wir	auf's	neu	-	e	le	-	ben.

seht	und	hört	von	Got	-	tes	Ta	-	ten,

die	die	Was	-	ser	uns	ver	-	ra	-	ten.

Wenn ihr Hilfe braucht, fragt ...

Schreibt zum Schluß den ganzen Vers mit einem Folienschreiber auf eine OH-Folie, am besten in einer anderen Farbe als eure Vorgänger.

Wie Johannes der Täufer predigen

(1)
Tut Buße, denn das Himmelreich ist nahe herbeigekommen!
Bereitet dem Herrn den Weg! Ebnet ihm die Straßen.

(2)
Tut Buße, denn das Himmelreich ist nahe herbeigekommen!
Handelt so, daß eure Umkehr sichtbar wird.

(3)
Tut Buße, denn das Himmelreich ist nahe herbeigekommen!
Schon ist die Axt an die Wurzel der Bäume gelegt.

(4)
Tut Buße, denn das Himmelreich ist nahe herbeigekommen!
Jeder Baum, der keine gute Frucht hervorbringt, wird umgehauen und ins Feuer geworfen.

(5)
Tut Buße, denn das Himmelreich ist nahe herbeigekommen!
Ich taufe euch nur mit Wasser zum Zeichen der Umkehr. Der aber, der nach mir kommt, wird euch mit dem Heiligen Geist und mit Feuer taufen.

(6)
Tut Buße, denn das Himmelreich ist nahe herbeigekommen!
Es kommt jemand nach mir, der ist stärker als ich, und ich bin es nicht wert, ihm die Schuhe auszuziehen.

(7)
Tut Buße, denn das Himmelreich ist nahe herbeigekommen!
Es kommt jemand nach mir, der wird die Spreu vom Weizen trennen. Er wird den Weizen in die Scheune bringen, die Spreu aber im ewigen Feuer verbrennen.

(8)
Tut Buße, denn das Himmelreich ist nahe herbeigekommen!
Wer zwei Gewänder hat, der gebe eines davon dem, der keines hat, und wer zu essen hat, der handle ebenso.

(9)
Tut Buße, denn das Himmelreich ist nahe herbeigekommen!
Fordert nicht mehr, als euch zusteht.

(10)
Tut Buße, denn das Himmelreich ist nahe herbeigekommen!
Wendet keine Gewalt an. Erpreßt niemanden.

Kopieren und auseinanderschneiden. Ist die Gruppe größer, einige Karten doppelt verteilen oder selbst weitere geeignete Bibelverse heraussuchen.

INFORMATION FÜR KUNSTEXPERTEN

MOTIV MUSCHEL

Eure Aufgabe ist es,
über die Muschel nachzudenken,
mit der Johannes der Täufer
das Wasser auf den Kopf Jesu giesst.

Mit der Muschel soll etwas gesagt werden über den Anfang und das Ende des Lebens Jesu. Manchmal wächst in einer Muschel eine kostbare Perle. Aber niemand weiß so ganz genau, wie und warum es dazu kommt. Jetzt lest einmal Lk 1,26-38 und schreibt eine Vermutung auf, was die Muschel über Jesus und seine Mutter Maria erzählen soll.

Eine Muschel ist fest verschlossen. Wenn sie aber stirbt, geht sie auf. Habt ihr eine Idee, was die Muschel von daher über das Taufgeschehen erzählen kann?

Jetzt schreibt auf der Rückseite in Stichworten auf, was ihr den anderen erklären wollt. Beginnt am besten mit dem, was zu sehen ist und erzählt dann, wie ihr es gedeutet habt.

INFORMATION FÜR KUNSTEXPERTEN

MOTIV WASSER

Eure Aufgabe ist es,
noch einmal etwas zum Wasser zu sagen.

Betrachtet genau den Fluß oder See, an dessen Ufer Jesus steht und schreibt auf, was Dings dem Wasser zu sehen ist.

Äußert eine Vermutung, was das für die Taufe bedeuten kann.

Welche Geschichte vom Wasser, die ihr schon kennengelernt habt, paßt besonders gut dazu?

Jetzt schreibt auf der Rückseite in Stichworten auf, was ihr den anderen erklären wollt. Beginnt am besten mit dem, was zu sehen ist, und erzählt dann, wie ihr es gedeutet habt.

INFORMATION FÜR KUNSTEXPERTEN

MOTIV DREI JUNGE MÄNNER

Drei jungen Männer sehen der Taufszene zu. An dem linken Mann sind Flügel erkennbar, die beiden anderen tragen einen Kranz aus Blüten oder Zweigen im Haar. Die Drei blicken auf das Geschehen, wenden sich aber auch untereinander zu, halten sich an der Hand und lehnen sich aneinander. Es entsteht der Eindruck von Einheit. Entscheidet euch für eine der nachstehenden Deutungen:

1. Die Flügel des linken Jünglings sind ein Zeichen, daß er »zum Himmel« gehört. Das läßt zusammen mit der Verbundenheit der Drei an eine Darstellung der Dreieinigkeit Gottes denken: Gott der Vater, der Sohn und der heilige Geist. In der Bibel wird erzählt, daß Abraham, der »Vater des Glaubens«, von drei Männer besucht wird (1 Mose 18,1-15). Das ist ein Hinweis auf die 3 Personen Gottes.

2. Die Kränze auf den Köpfen sind ein Zeichen des Sieges. Damit rücken die drei jüdischen Männer in den Blick, die in Babylon die Anbetung eines Götzenbildes verweigerten, dafür in einen Feuerofen gesteckt und durch einen Engel gerettet wurden (Dan 3). Das verbindet sich mit der von Johannes dem Täufer angekündigten Feuertaufe, die auf das Gericht am Ende der Welt verweist.

3. Die Männer stellen die Tugenden Glaube, Hoffnung, Liebe (1 Kor 13,13) dar.

Begründet eure Entscheidung.

Sprecht eine Vermutung aus,
wie das Taufgeschehen dann verstanden werden kann.

Jetzt schreibt auf der Rückseite in Stichworten auf,
was ihr den anderen erklären wollt.
Beginnt am besten mit dem, was zu sehen ist
und erzählt dann, wie ihr es gedeutet habt.

INFORMATION FÜR KUNSTEXPERTEN

MOTIV BAUM

Eure Aufgabe ist es, sich den Baum,
der zwischen dem getauften Christus und den drei
jungen Männern steht, genauer anzusehen.

Welcher der drei folgenden Deutungen würdet ihr zustimmen?

1. Der Baum verbindet »unten« und »oben«. Mit seinen Wurzeln unter der Erde steht er im Todesreich, mit dem aufstrebenden Stamm im Lebensraum, auf der Erde und mit der Krone ragt er in den Himmel hinein.

2. Der Laubbaum symbolisiert durch den jährlichen Wechsel der Blätter den Tod und die Wiedergeburt.

3. Das ist der Baum des Lebens aus der Paradiesgeschichte. Lest dazu 1 Mose 3.

Begründet Eure Entscheidung.

Äußert jetzt eine Vermutung,
was das Bild des Baumes über die Taufe sagt.

Jetzt schreibt auf der Rückseite in Stichworten auf,
was ihr den anderen erklären wollt.
Beginnt am besten mit dem, was zu sehen ist
und erzählt dann, wie ihr es gedeutet habt.

Die Taufe | **M9** | Rollenspielkarten | Arbeitsmaterialien | 53

INFORMATION FÜR KUNSTEXPERTEN

MOTIV BAUMSTÜMPFE

Betrachtet noch einmal genau die grüne Fläche in der Flußbiegung. Dort sind eine Reihe von Baumstümpfen zu sehen. Sie erscheinen als »Gegenteil« zu den hochaufragenden, voll im Laub stehenden Bäumen.

Das weist auf einen Satz in der Predigt Johannes des Täufers hin. Lest dazu Mt 3,10 oder Lk 3,9 und schreibt mit euren Worten auf, was Johannes meint.

Äußert eine Vermutung, was Johannes der Täufer damit über das zukünftige Leben eines getauften Menschen sagen will.

Jetzt schreibt auf der Rückseite in Stichworten auf, was ihr den anderen erklären wollt. Beginnt am besten mit dem, was zu sehen ist und erzählt dann, wie ihr es gedeutet habt.

INFORMATION FÜR KUNSTEXPERTEN

MOTIV TÄUFLING

Eure Aufgabe ist es, den jungen Mann näher zu betrachten, der sich an einer Flussbiegung gerade auszieht. Offenbar bereitet er sich auf seine Taufe vor.

Stellt euch bitte vor, daß das Bild Pieros über dem Taufbecken zu sehen ist, an dem ihr getauft werdet oder getauft worden seid. Es will etwas erzählen, über Jesus Christus, über dich und über die Taufe. Schreibt auf, was es vielleicht sagen könnte.

Überlegt jetzt, woran es die Gemeinde im Gottesdienst erinnert, die es jeden Sonntag betrachtet.

Jetzt schreibt auf der Rückseite in Stichworten auf, was ihr den anderen erklären wollt. Beginnt am besten mit dem, was zu sehen ist und erzählt dann, wie ihr es gedeutet habt.

Arbeitsmaterialien | Rollenspielkarten | **M9** | Die Taufe

INFORMATION FÜR KUNSTEXPERTEN

MOTIV VIER MÄNNER IM HINTERGRUND

Ihr müßt euch etwas anstrengen. Wenn ihr ganz genau hinseht, entdeckt ihr hinter dem jungen Mann, der sich gerade auszieht, vier fremdartig gekleidete Männer, die am Ufer entlang gehen. Eventuell hat Piero sein Werk hier mit einem aktuellen politischen Bezug versehen. Die Männer weisen vielleicht auf ein Konzil (Versammlung kirchlicher Würdenträger) hin, das sich 1493 in Florenz mit der Einheit der Kirche beschäftigte. Damals gab es schon neben der römisch-katholischen Kirche eine Reihe von sogenannten »orthodoxen« Kirchen im Osten. »Ortodox« ist die griechische Übersetzung von »katholisch«, was auf deutsch »wahr« oder »richtig« heißt. An dem Konzil waren ähnlich gekleidete Vertreter der griechischen Kirche beteiligt, die Piero vermutlich kennengelernt hatte und auch auf einem anderen Bild dargestellt hat.

✏️ Äußert eine Vermutung, warum Piero diese »Fremden« gerade auf einem Taufbild darstellt.

✏️ Das bedeutet für die Getauften ...

Jetzt schreibt auf der Rückseite in Stichworten auf, was ihr den anderen erklären wollt. Beginnt am besten mit dem, was zu sehen ist und erzählt dann, wie ihr es gedeutet habt.

INFORMATION FÜR KUNSTEXPERTEN

MOTIV LANDSCHAFT

Ihr beschäftigt euch mit der Landschaft, die das Bild darstellt. Seht sie euch erst einmal genau an, bevor ihr weiterlest. Erzählt euch, was ihr seht und wie euch diese Landschaft gefällt.

Piero hat die biblische Taufszene, die im Jordantal spielt, in seine Heimat verlegt. Was ihr im Hintergrund seht, ist das Tal des Flusses Tiber vor Borgo San Sepolcro – Pieros Heimatstadt und der Ort, in dessen Kirche dieses Altarbild bis ins 19. Jahrhundert stand.

✏️ Versucht doch einmal herauszubekommen, warum Piero das wichtig gewesen ist.

✏️ Die Gemeinde, die das Bild jeden Sonntag betrachtet hat, konnte über die Taufe sagen, ...

Jetzt schreibt auf der Rückseite in Stichworten auf, was ihr den anderen erklären wollt. Beginnt am besten mit dem, was zu sehen ist und erzählt dann, wie ihr es gedeutet habt.

GESPRÄCH ÜBER NAMEN

Erzählt euch bitte kurz,
was ihr beim Schreiben gefühlt
oder erlebt habt.
Was war z.B. angenehm oder
eher schwierig,
was war ganz ungewohnt,
was war spannend usw.?

Was ist euch beim Schreiben
auf- oder eingefallen?

Stellt euch vor,
ein Fremder blätterte in eurem Heft.
Was würde ihm auffallen?

Zeigt euch die Stelle,
die am meisten eurer
normalen Unterschrift entspricht.

Zeigt euch die Stelle,
die am weitesten entfernt davon ist.

Unterstreicht eine Schrift,
die besonders gut zu eurem Namen paßt.

Was habt ihr über
euren Namen herausgefunden?

56 | Arbeitsmaterialien | **M12** | Die Taufe

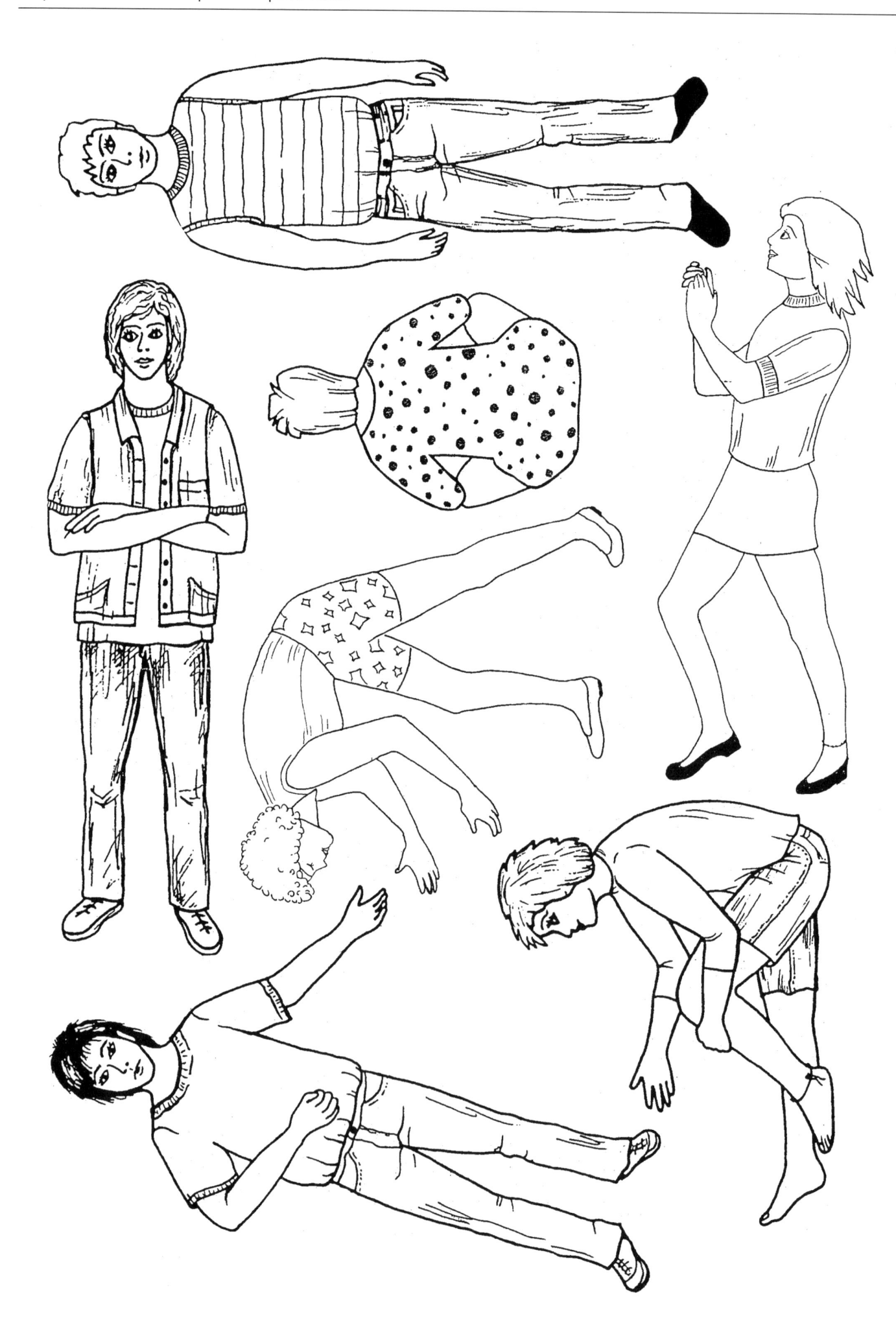

MEINE TAUFE

MEIN NAME:

An einer Stelle in diesem Raum kannst du lesen,
warum in der Taufe dein Name genannt wird.
Was gefällt dir davon?

Warum geschieht die Taufe eigentlich mit Wasser?
Schreibe von dem betreffenden Plakat einen Satz ab,
der dir einleuchtet.

Eure Bilder erzählen, was Gott mit dem Wasser
oder durch das Wasser getan hat.
Welches »Wasser« wünscht du dir für deine Taufe?
Was soll Gott wie in der biblischen Geschichte
an dir in der Taufe tun?

Aus dem Bild Piero della Francescas
lassen sich viele Dinge über die Taufe herauslesen.
Lies die »Informationen für Kunstexperten«
und frische deine Erinnerungen auf.
Notiere, was du dir merken möchtest.

Gott sagt zu dir in der Taufe:
»Du bist meine liebe Tochter«
oder »Du bist mein lieber Sohn«.
Schreibe in einem Satz auf,
was das für Dich bedeuten könnte.

Nimm das Buch
»Denk mal nach ... mit Luther«
und lies die Erklärungen zur Taufe auf S. 186–187.
Schreibe auf, was du dir merken möchtest.

58 | **Arbeitsmaterialien** | Briefbogen | **M13** | Die Taufe

Motiv **Muschel**

Gesprächsanleitung über einen Bildausschnitt

Wählen sie bitte zunächst einen Gesprächleiter oder eine Gesprächsleiterin. Die Gesprächsleitung liest zunächst die erste Gesprächsanregung vor, ermuntert zu Äußerungen und geht jeweils zum nächsten Punkt weiter, wenn der Gesprächsteil zu Ende ist.

1. **Diese Gruppe** hat die Aufgabe, etwas zu der Taufszene zu sagen. Johannes der Täufer gießt das Wasser mit einer Muschel auf den Kopf Jesu. Diese Darstellung war im 14. Jahrhundert, in dem das Bild entstand, üblich. Überlegen sie bitte einen Moment, was Ihnen dazu als Deutung einfällt.

2. **Hintergrundinformation:**
   → Die Muschel gelangte, wahrscheinlich mit Ri 6,36-40 in die Mariensymbolik und wurde zum Sinnbild der Jungfrauenschaft Mariens und der göttlichen Empfängnis Christi: Der Tau vom Himmel macht Maria fruchtbar.
   Lexikon der christlichen Ikonographie, Verlag Herder, Freiburg 1971, Bd. 3, Sp.300
   → Die Muschel ist das Bild des Grabes, aus dem der Mensch eines Tages auferstehen wird.
   Heinz-Mohr, Gerd, Lexikon der Symbole, Eugen Diederichs Verlag, Düsseldorf/Köln 19981, S. 218f.

   Beide Deutungslinien können auch auf die Taufe bezogen werden. Führen sie bitte ein kurzes Gespräch darüber, was Ihnen an diesen Deutungen mit Blick auf die Taufe einleuchtet und was nicht.

3. **Tragen sie bitte zusammen,** was sich von dem Muschelmotiv her zum besseren Verständnis des Taufgeschehens sagen läßt.

4. **War das,** was sie eben herausgefunden haben, anregend, überraschend, bekannt?
   Verträgt sich das mit dem, was sie bisher über die Taufe gedacht haben?
   Gibt es etwas, was sie nicht klären konnten?

5. **Sie werden nachher gebeten,** den anderen Teilnehmenden das Wichtigste aus ihrem Gespräch mitzuteilen.
   Beginnen sie bitte damit, daß sie kurz das Motiv erläutern, mit dem sie sich beschäftigt haben.

Motiv **Muschel**

Motiv Wasser

Gesprächsanleitung über einen Bildausschnitt

Wählen sie bitte zunächst einen Gesprächleiter oder eine Gesprächsleiterin. Die Gesprächsleitung liest zunächst die erste Gesprächsanregung vor, ermuntert zu Äußerungen und geht jeweils zum nächsten Punkt weiter, wenn der Gesprächsteil zu Ende ist.

1. **Diese Gruppe** hat die Aufgabe, sich zu dem Wasser Gedanken zu machen, mit dem Jesus getauft wird. Betrachten sie dazu möglichst genau den Fluß oder See, an dessen Ufer Jesus steht. In dem Wasser ist etwas zu sehen.
   Tauschen sie bitte Vermutungen aus, was die Darstellung des Wassers über die Taufe erzählen will.

2. **Hintergrundinformation:**
   Eine Reihe von biblischen Geschichten über das Wasser lassen sich zur Deutung des Taufgeschehens heranziehen.
   - Die Schöpfungsgeschichte
     (1 Mose 1)
   - Das Weinwunder zu Kana
     (Joh 2,1-11)
   - Die Geschichte von der Sintflut
     (1 Mose 6-9)
   - Die Geschichte von der Samaritanerin
     (Joh 4)
   - Die Geschichte von Jakob und Rahel am Brunnen
     (1 Mose 29,1-13)
   - Die Heilung am Teich Bethesda
     (Joh 5,1-18)
   - Die Geschichte vom Durchzug durch das Rote Meer
     (2. Mose 14)
   - Die Geschichte vom sinkenden Petrus
     (Mt 4,35-41)
   - Die Geschichte vom Wasser in der Wüste
     (2 Mose 17,1-6)
   - Die Stillung des Sturmes
     (Mt 14,22-33)

Erzählen sie sich eine Geschichte, die sie kennen, oder lesen sie sich eine Geschichte aus dieser Liste vor. Klären sie dann bitte in einer kurzen Gesprächsrunde, was in dieser Geschichte durch das Wasser geschieht. Sagen sie dabei auch, was sie davon halten.

3. **Was könnte** über die Taufe gesagt werden, wenn das Wasser aus der Geschichte, die sie eben besprochen haben, in der Taufschale wäre?

4. **Betrachten sie jetzt bitte,** wie sich auf dem Bild »Wasser« und »Himmel« zueinander verhalten. Wie läßt sich das beschreiben? Taucht in diesem Zusammenhang von Wasser und Himmel etwas von der biblischen Geschichte auf, mit der sie sich beschäftigt haben?

5. **Sie werden nachher gebeten,** den anderen Teilnehmenden das Wichtigste aus ihrem Gespräch mitzuteilen. Beginnen sie bitte damit, daß sie kurz das Motiv erläutern, mit dem sie sich beschäftigt haben.

Motiv Wasser

Motiv **Drei junge Männer**

Gesprächsanleitung über einen Bildausschnitt

Wählen sie bitte zunächst einen Gesprächleiter oder eine Gesprächsleiterin. Die Gesprächsleitung liest zunächst die erste Gesprächsanregung vor, ermuntert zu Äußerungen und geht jeweils zum nächsten Punkt weiter, wenn der Gesprächsteil zu Ende ist.

1. **Diese Gruppe** hat die Aufgabe, die drei jungen Männer zu verstehen, die der Taufszene zusehen. Tauschen sie sich kurz darüber aus, woran sie durch diese drei Männer erinnert werden.

2. **Hintergrundinformation:**
   An dem linken Mann sind Flügel erkennbar, die beiden anderen tragen einen Kranz aus Blüten oder Zweigen im Haar. Alle drei blicken auf das Geschehen, sind aber auch untereinander sehr zugewandt, halten sich an der Hand und lehnen sich aneinander. Es entsteht ein starker Eindruck von Einheit.

   Diskutieren sie die nachstehenden Deutungen:
   → Die Flügel des linken Jünglings sind ein Zeichen, daß er »zum Himmel« gehört. Das läßt zusammen mit der auffälligen Verbundenheit an eine Darstellung der Dreieinigkeit Gottes denken: Gott der Vater, der Sohn und der heilige Geist. Biblischer Beleg ist, daß Abraham, der »Vater des Glaubens«, von drei Männer besucht wird (1 Mose 18,1-15). Das ist als Hinweis auf die 3 Personen Gottes verstanden worden.
   → Die Kränze auf den Köpfen sind ein Zeichen des Sieges. Damit rücken die drei jüdischen Männer in den Blick, die in Babylon die Anbetung eines Götzenbildes verweigerten, dafür in einen Feuerofen gesteckt und durch einen Engel gerettet wurden (Dan 3). Das verbindet sich mit der von Johannes dem Täufer angekündigten Feuertaufe, die auf das Gericht am Ende der Welt verweist.
   → Die drei jungen Männer stellen die Tugenden Glaube, Hoffnung, Liebe (1 Kor 13,13) dar.

3. **Entscheiden sie sich** für eine Deutung und überlegen dabei, wie das Taufgeschehen von da aus verstanden werden kann.

4. **War das,** was sie eben herausgefunden haben, anregend, überraschend, bekannt?
   Verträgt sich das mit dem, was sie bisher über die Taufe gedacht haben?
   Gibt es auch etwas, was sie nicht klären konnten?

5. **Sie werden nachher gebeten,** den anderen Teilnehmenden das Wichtigste aus ihrem Gespräch mitzuteilen. Beginnen sie bitte damit, daß sie kurz das Motiv erläutern, mit dem sie sich beschäftigt haben.

Motiv **Drei junge Männer**

Motiv Baum

Gesprächsanleitung über einen Bildausschnitt

Wählen sie bitte zunächst einen Gesprächleiter oder eine Gesprächsleiterin. Die Gesprächsleitung liest zunächst die erste Gesprächsanregung vor, ermuntert zu Äußerungen und geht jeweils zum nächsten Punkt weiter, wenn der Gesprächsteil zu Ende ist.

1. **Diese Gruppe** hat die Aufgabe, sich den Baum, der zwischen dem getauften Christus und den drei jungen Männern steht, genauer anzusehen. Tauschen sie kurz aus, was Ihnen dazu spontan einfällt ...

2. **Hintergrundinformation:**
   Diskutieren sie bitte die nachstehenden Deutungen des Baummotivs.
   → Der Baum verbindet »unten« und »oben«. Mit seinen Wurzeln unter der Erde steht er im Todesreich, mit dem aufstrebenden Stamm im Lebensraum auf der Erde und mit der den oberen Bildteil beherrschenden Krone ragt er in den Himmel hinein.
   → Der Laubbaum symbolisiert durch den jährlichen Wechsel der Blätter Tod und Wiedergeburt.
   → Das ist der Baum des Lebens aus der Paradiesgeschichte (1 Mose 3).

3. **Entscheiden sie sich** für eine Deutung und überlegen dabei, was von diesem Bildmotiv aus über das Taufgeschehen gesagt werden kann.

4. **War das,** was sie eben herausgefunden haben, anregend, überraschend, bekannt?
   Verträgt sich das mit dem, was sie bisher über die Taufe gedacht haben?
   Gibt es etwas, was sie nicht klären konnten?

5. **Sie werden nachher gebeten,** den anderen Teilnehmenden das Wichtigste aus ihrem Gespräch mitzuteilen.
   Beginnen sie bitte damit, daß sie kurz das Motiv erläutern, mit dem sie sich beschäftigt haben.

Motiv Baum

Motiv **Baumstümpfe**

Gesprächsanleitung über einen Bildausschnitt

Wählen sie bitte zunächst einen Gesprächleiter oder eine Gesprächsleiterin. Die Gesprächsleitung liest zunächst die erste Gesprächsanregung vor, ermuntert zu Äußerungen und geht jeweils zum nächsten Punkt weiter, wenn der Gesprächsteil zu Ende ist.

1. **Diese Gruppe** hat die Aufgabe, genau die grüne Fläche in der Flußbiegung zu betrachten. Dort sind eine Reihe von Baumstümpfen zu sehen. Sie erscheinen als »Gegenteil« zu den aufragenden, voll im Laub stehenden Bäumen. Tauschen sie kurz einige Vermutungen aus, was das bedeuten könnte.
Äußern sie auch eine Vermutung, was Johannes der Täufer damit über das zukünftige Leben eines getauften Menschen sagen will.

2. **Hintergrundinformationen:**
   → Die Baumstümpfe symbolisieren gerade auch durch den Gegensatz zu den voll im Laub stehenden Bäumen Leben und Tod.
   Lexikon der christlichen Ikonographie, Verlag, Herder Freiburg 1971, Bd. 3, Sp.300
   → Der Baumstumpf, also der abgehauene Baum, weist auf den Tod Christi am Kreuz hin. So jedenfalls ist der gefällte Baum, den Nebukadnezar im Traum sieht (Dan 4,10) gedeutet worden.
   Heinz-Mohr, Gerd, Lexikon der Symbole, Eugen Diederichs Verlag, Düsseldorf/Köln 19981, S. 218f.
   → Die Baumstümpfe zitieren die Predigt Johannes des Täufers (Mt 3,7-12).
   Diskutieren sie bitte, welcher Deutung sie in dem Bild Piero della Francescas den Vorzug geben möchten.

3. **Wenn sie Ihre Deutung** des Bildmotivs auf die Taufe übertragen ...
Was bedeutet es, getauft zu werden? Welche Lebensperspektive haben Menschen, die getauft sind?

4. **War das,** was sie eben herausgefunden haben, anregend, überraschend, bekannt?
Verträgt sich das mit dem, was sie bisher über die Taufe gedacht haben?
Gibt es etwas, was sie nicht klären konnten?

5. **Sie werden nachher gebeten,** den anderen Teilnehmenden das Wichtigste aus ihrem Gespräch mitzuteilen.
Beginnen sie bitte damit, daß sie kurz das Motiv erläutern, mit dem sie sich beschäftigt haben.

Motiv **Baumstümpfe**

Motiv **Täufling**

Gesprächsanleitung über einen Bildausschnitt

Wählen sie bitte zunächst einen Gesprächleiter oder eine Gesprächsleiterin. Die Gesprächsleitung liest zunächst die erste Gesprächsanregung vor, ermuntert zu Äußerungen und geht jeweils zum nächsten Punkt weiter, wenn der Gesprächsteil zu Ende ist usw.

1. **Betrachten sie bitte den jungen Mann,** der sich an einer Flußbiegung gerade auszieht. Offenbar bereitet er sich auf seine Taufe vor.
   Erinnern sie sich an einen Taufgottesdienst? Erzählen sie den anderen, was ihnen gefallen hat und was nicht.

2. **Hintergrundinformation:**
   → Das Bild ist die erhalten gebliebene Mitteltafel eines dreiflügeligen Altarbildes (Tryptichon). Sie wurde zwischen 1440 und 1470 für die Kirche S. Giovanni Battista in Borgo San Sepolcro geschaffen, der Ort liegt nördlich von Rom. Als man die Kirche im frühen 19. Jahrhundert abriß, gelangte die Altartafel in die Londoner National Gallery.
   Stellen sie sich vor, dieses Bild hinge in unserer Kirche über dem Altar. Was riefe es den getauften Gemeindegliedern ins Gedächtnis? Was sagt es den Kindern, deren Eltern und Paten, den Konfirmandinnen und Konfirmanden und den Erwachsenen, die getauft werden?
   Führen sie darüber ein kurzes Gespräch.

3. **Der Gemeindekirchenrat** hat gerade beschlossen, daß eine Kopie dieses alten Bildes in unserer Kirche aufgehängt werden soll. Damit es wieder seine ursprüngliche Form erhält, soll ein Künstler mit der Gestaltung zweier Altarflügel beauftragt werden.
   Welche Bildmotive möchten sie vom Künstler verlangen? Tauschen sie sich bitte auch darüber aus. Es ist nicht erforderlich, daß sie sich einigen.

4. **War das,** was sie eben herausgefunden haben, anregend, überraschend, bekannt?
   Verträgt es sich mit dem, was sie bisher über die Taufe gedacht haben?
   Gibt es etwas, was sie nicht klären konnten?

5. **Sie werden nachher gebeten,** den anderen Teilnehmenden das Wichtigste aus ihrem Gespräch mitzuteilen.
   Beginnen sie bitte damit, daß sie kurz das Motiv erläutern, mit dem sie sich beschäftigt haben.

Motiv **Täufling**

Motiv Vier Männer im Hintergrund

Gesprächsanleitung über einen Bildausschnitt

Wählen sie bitte zunächst einen Gesprächleiter oder eine Gesprächsleiterin. Die Gesprächsleitung liest zunächst die erste Gesprächsanregung vor, ermuntert zu Äußerungen und geht jeweils zum nächsten Punkt weiter, wenn der Gesprächsteil zu Ende ist.

1. **Wenn sie ganz genau hinsehen,** entdecken sie hinter dem jungen Mann, der sich gerade auszieht, vier weitere Männer, die am Ufer entlang gehen.
   Führen sie ein kurzes Gespräch darüber, was mit dieser Gruppe im Bild angedeutet werden soll.

2. **Hintergrundinformation:**
   → Eventuell hat Piero sein Werk hier mit einem aktuellen politischen Bezug versehen. Die Männer scheinen auf ein 1439 in Florenz fortgesetztes Konzil (Versammlung kirchlicher Würdenträger) hinzuweisen, das sich mit der Einheit der Kirche beschäftigte. Damals gab es schon neben der römisch-katholischen Kirche eine Reihe von sogenannten »orthodoxen« Kirchen im Osten. »Orthodox« ist die griechische Übersetzung von »katholisch«, was auf deutsch »wahr« oder »richtig« heißt. An dem Konzil waren ähnlich gekleidete Vertreter der griechischen Kirche beteiligt, die Piero vermutlich kennengelernt hatte und auch auf den Fresken in Arezzo (Stadt in der Toskana) darstellt.
   Äußern sie Vermutungen und diskutieren sie, warum Piero diese »Fremden« gerade auf einem Taufbild darstellt.

3. **Was würde jemand sagen,** der sich über die Taufe nur mit diesem Bild und vor allem mit diesem Ausschnitt informieren will?

4. **War das,** was sie eben herausgefunden haben, anregend, überraschend, bekannt?
   Verträgt sich das mit dem, was sie bisher über die Taufe gedacht haben?
   Gibt es etwas, was sie nicht klären konnten?

5. **Sie werden nachher gebeten,** den anderen Teilnehmenden das Wichtigste aus ihrem Gespräch mitzuteilen.
   Beginnen sie bitte damit, daß sie kurz das Motiv erläutern, mit dem sie sich beschäftigt haben.

Motiv Vier Männer im Hintergrund

Lieder zur Taufe

Richte unsere Füße

Kanon zu 3 Stimmen

1. Rich-te uns-re Fü-ße auf den Weg des Frie-dens.
2. Seg-ne je-den Schritt, gu-ter Gott.
3. Seg-ne, seg-ne je-den Schritt.

Text: Eugen Eckert; Melodie: Torsten Hampel aus CD/MC »Blatt um Blatt«, © HABAKUK, Frankfurt/M.

Nun schreib ins Buch des Lebens

Nun, schreib ins Buch des Le-bens, Herr, uns-re Na-men ein, und laß uns nicht ver-ge-bens zu dir ge-kom-men sein.

Du, der du selbst das Leben, / der Weg die Wahrheit bist, / uns allen wollst du geben / dein Heil, Herr Jesu Christ.

Text: Straßburg 1850 (bearbeitet); Melodie: Melchior Vulpius 1609

Regenbogenlied

(Latin)

Er stell-te sei-nen Bo-gen in die Wol-ken und knüpf-te ihn im Ta-le fest, das Zei-chen, das die Welt nicht läßt, das Gott sich sel-ber an die Hand ge-bun-den hat, das sie-ben-farb-ne Band di-wi-da se-la di-wi, di-wi da se-la

2. Er stellte seinen Bogen in die Wolken und bringt den alten Zorn ins Bild. Was jene dunkle Zeiten erfüllt, soll als das tiefe Schattenspiel begleiten dich und mich bis hin zum Ziel.
|: Diwida sela diwi diwida sela :|
3. Er stellte seinen Bogen in die Wolken und knüpfte ihn in meine Hand; er gibt es heute neu bekannt, daß er von Anfang an nur dies, nur Leben, Leben aller Welt verhieß.
|: Diwida sela diwi diwida sela :|

Text: Kurt Rose; Melodie: Wolfgang Teichmann

Ich will dir danken

Kanon für 3 Stimmen

Ich will dir dan-ken, weil du mei-nen Na-men kennst, Gott mei-nes Le-bens.

Text: R. Daffner; Melodie: aus England

Wie der Regen und der Schnee

Wie der Regen und der Schnee vom Himmel auf die Erde fällt,
und der Boden fruchtbar werde, so ist Gottes Liebe auf der Erde.
wie ein Wort, das laut und leise Kreise zieht von Ort zu Ort,
und es bleibt kein leeres Wort, Gottes Liebe auf der Erde,
daß sie wächst und daß sie blüht, spürbar und erfahrbar werde.

2. Wie die Flüsse und das Meer ihre Bahnen nicht verlassen, Fischen eine Heimat geben, so ist Gottes Liebe auf der Erde.
Wie ein Wort ...

3. Wo die Menschen aller Farben Gottes Wort erfahren haben und das neue Land vor Augen sehn, da lebt Gottes Liebe auf der Erde.
Wie ein Wort ...

Text: Hans-Jürgen Netz; Melodie: Holger Clausen
aus: Wenn der Stacheldraht blüht, 1981
alle Rechte im tvd-Verlag, Düsseldorf

Wenn du deine Hütte

Wenn du deine Hütte aufschlägst auf meinem Land,
dann tanzt die Hoffnung, mein Traum außer Rand und Band,
dann tanzt die Hoffnung, mein Traum außer Rand und Band,
wenn du deine Hütte aufschlägst auf meinem Land, auf meinem Land.

2. Wenn du deine Hütte ...
|: soll keine Träne mehr fallen in meine Hand, :|
wenn du deine Hütte ...

3. Wenn du deine Hütte ...
|: dann wird mein Leben durchbrechen die letzte Wand, :|
wenn du deine Hütte ...

4. Wenn du deine Hütte ...
|: dann werden Träume zur Zukunft hin ausgespannt, :|
wenn du deine Hütte ...

5. Wenn du deine Hütte ...
|: vergeht das Alte und neu werd ich ausgesandt, :|
wenn du deine Hütte ...

Text: Kurt Rose; Melodie: Wolfgang Teichmann

Alles, was atmet

Alles, was atmet, alles, was lebt, ist heilig vor dir, ist heilig für uns, heilig vor dir für uns.
1. Heilig vor dir sind Menschen und Tiere, Pflanzen und Bäume, Wasser und Luft. Heilig vor dir sind Berge und Täler, Flüsse und Meere, das ganze weite All.

2. Heilig vor dir sind Berge und Täler, Flüsse und Meere, Ebbe und Flut. Heilig vor dir sind Himmel und Erde, Sonne und Sterne, das ganze weite All.
Alles was atmet ...

3. Heilig vor dir sind Himmel und Erde, Sonne und Sterne, Feuer und Eis. Heilig vor dir ist heute und morgen, gestern und ewig, das ganze weite All.
Alles was atmet ...

Text: Hans-Jürgen Netz; Melodie: Christoph Lehmann
aus: Das Schweigen bricht, 1987
alle Rechte im tvd-Verlag, Düsseldorf

KU zu den 5 Hauptstücken des Kleinen Katechismus

Gütersloher Verlagshaus